# POR QUE VOCÊ NÃO ACREDITA EM MIM

# POR QUE VOCÊ NÃO ACREDITA EM MIM

## Winnie Bueno

Rio de Janeiro, 2023

Copyright © 2023 por Winnie Bueno.
Todos os direitos desta publicação são reservados à Casa dos Livros Editora LTDA.
Nenhuma parte desta obra pode ser apropriada e estocada em sistema de banco de dados ou processo similar, em qualquer forma ou meio, seja eletrônico, de fotocópia, gravação etc., sem a permissão dos detentores do copyright.

**Diretora editorial:** Raquel Cozer
**Coordenadora editorial:** Diana Szylit
**Editora:** Camila Gonçalves
**Copidesque:** Bonie Santos
**Revisão:** Lorrane Fortunato e Fernanda Silvia e Sousa
**Capa:** Draco Imagem
**Projeto gráfico de miolo e diagramação:** Ligia Barreto | Ilustrarte Design
**Foto da autora:** Alisson Batista

Dados Internacionais de Catalogação na Publicação (CIP)
Angélica Ilacqua CRB-8/7057

B944p
    Bueno, Winnie
        Por que você não acredita em mim / Winnie Bueno. — Rio de Janeiro : HarperCollins, 2023.
        208 p.

    Bibliografia
    ISBN 978-65-5511-491-1

    1. Ciências sociais 2. Negros - Racismo I. Título.

22-7148
        CDD 305.8
        CDU 323.14

Os pontos de vista desta obra são de responsabilidade de sua autora, não refletindo necessariamente a posição da HarperCollins Brasil, da HarperCollins Publishers ou de sua equipe editorial.

Rua da Quitanda, 86, sala 218 — Centro
Rio de Janeiro, RJ — CEP 20091-005
Tel.: (21) 3175-1030
www.harpercollins.com.br

*Para minha vó, Tuli,
que sempre acreditou em mim*

**Para todas as pessoas negras que insistem
em acreditar em melhorar uma sociedade
que não lhes dá crédito nenhum**

# SUMÁRIO

Prefácio — 9

Apresentação ou Por que você não vai acreditar que não acredita em mim — 13

Achado x roubado — 25

Cuidado! Frágil! — 45

Sentir, pensar, resistir e sobreviver — 65

Privilégios e heranças — 91

Você é linda, sim — 113

Agressivo é o racismo — 141

Na sala de aula — 173

Elemento suspeito — 193

Pegue um caderno e faça suas anotações: é hora da revisão final — 211

O que você pode ler para acreditar um pouco mais em mim — 221

# PREFÁCIO

Andreza Delgado

Enquanto lia *Por que você não acredita em mim*, me dei conta de que Winnie me levava para lugares muito importantes sobre o que é ser uma pessoa negra no Brasil. Com muita sensibilidade e franqueza, ela conseguiu expressar de forma bastante direta as inúmeras questões que envolvem o racismo neste país.

Foi a partir de seus relatos que me conectei ao livro, principalmente aqueles sobre a infância, sobre a experimentação das primeiras violências, que servem como marcador do que será nossa longa jornada no mundo. Ecoo a Winnie aqui ao perguntar: você não acha traumatizante a ideia de que pessoas negras despertem para sua negritude através de um gatilho de violência? Se não acha, não vai entender o meu texto nem o da Winnie, nem que esse tipo de situação é marcada — como Winnie bem pontuou durante o livro todo — por momentos muito silenciosos. Um silêncio que acima de tudo adoece. E que, como sabemos, permite que os brancos mantenham uma posição privilegiada na hierarquia racial. Se não falamos do problema, ele não existe, não é mesmo?

Lembro-me de quando entendi que era uma criança negra no mundo. Estava em uma atividade de festa junina, visivelmente empolgada, como qualquer outra criança, e vestida a caráter, assim como todos os meus colegas: pipocavam roupas xadrez, vestidos, chapéus, bigodes e sardas falsas, penteados diferentes. Lembro que minha festa e animação toda acabou quando ouvi algumas pessoas comentarem que meu cabelo parecia bombril. Não sei como explicar, mas dali para a frente tudo se transformou. O mais cruel foi que entendi que ali se desenhava uma espécie de marcador temporal e racial. Quase que de forma instintiva, duas coisas ficaram certas para mim naquele momento. Em primeiro lugar, a ideia de que nada mais seria como antes, como se uma parte totalmente inocente do que era o meu mundo tivesse ido embora para nunca mais retornar, deixando apenas a certeza de que eu lidaria com aquele tipo de situação para sempre. Em segundo lugar, que dali em diante eu não estaria sozinha nesse novo mundo: era como ser uma pessoa negra me conectasse diretamente a um lugar de violência. É possível que esse tenha sido um dos meus dispositivos de autoidentificação e de pertencimento, então acredito que tenha sido por isso que, quando li Winnie contar sua primeira história de contato com o racismo, quando é desacreditada ainda na infância, eu tenha pensado rapidamente na minha própria história.

Uma vez, já adulta, percebi como tinha medo de ser mãe de uma criança negra, porque sempre me vi atravessada por tanta violência que a ideia de não ser capaz de acolher meu filho e protegê-lo do racismo me deixava assustada e sem coragem. O mais absurdo de tudo isso é que, enquanto escrevo, me debulho em lágrimas, me questionando se sequer existe alguma forma possível de proteger crianças negras, e rapidamente chego à conclusão de que, ao menos por mais alguns anos, a resposta é não. Porque é na infância que aprendemos que nem todo mundo se preocupa com uma criança negra ou, pior, que nem todo mundo enxerga pessoas negras como seres humanos. Porque a sociedade ainda não mudou, fato do qual somos relembrados e diariamente, quando somos descredibilizados e temos nossas dores ignoradas.

Mas Winnie não nos deixa esquecer também que somos pessoas antes se sermos definidos por essas dores tão latentes. E eu gosto de pensar que a infância é um lugar de potências múltiplas que dão luz e tom a um futuro que às vezes, só às vezes, até parece melhor do que nosso presente. Eu também gostaria de celebrar as outras infinitas possibilidades do que é ser uma pessoa negra, especialmente uma mulher negra. Para que que seja muito mais significativa a minha existência, e a existência de Winnie Bueno, que escreve com tanto afeto, e a de Alcione, que faz sambas tão bonitos, e de Juh Almeida, que dirige filmes e séries com tanta sensibilidade, de Debora Silva, das Mães de Maio, que me ensinou que dá para organizar o rancor para fazer luta, de tantas mulheres negras que sempre me deram a mão e me lembraram que a nossa existência é um lugar de trincheira, mas também de amor e produção de infinitas possibilidades.

Celebrar o que não é palpável, o que é patrimônio imaterial. Como nossas vidas e nossas histórias, que são únicas e incalculáveis. Porque isso é o que fica.

O mais lindo dessa nossa potência não é o orgulho que sentimos em bater no peito e dizer que fazemos bonito — mesmo que seja o que fazemos — dentro do contexto em que vivemos. Mas é a resistência e a possibilidade de mudança. É pensar que, quando escrevemos e lemos obras como *Por que você não acredita em mim*, é como se disséssemos, como o samba: "apesar de você, amanhã há de ser". Há de ser porque resistimos, trazendo até aqui nossos registros ancestrais na linguagem, no cabelo, na herança cultural e, como vimos com Winnie, nos estudos que produzimos.

Há de ser porque não abrimos mão da ideia de que ser feliz é um ato político.

Andreza Delgado é baiana, youtuber e podcaster focada em pautas sociais e de entretenimento. Em 2019, criou a PerifaCon, "a Comic-Con da favela", que democratizou o universo dos games e da cultura nerd para jovens da periferia.

# APRESENTAÇÃO
## OU POR QUE VOCÊ NÃO VAI ACREDITAR QUE NÃO ACREDITA EM MIM

Lendo Patricia Hill Collins eu descobri quem foi Fannie Barrier Williams, uma sufragista negra estadunidense que dedicou a vida, assim como outras mulheres negras, a lutar por equidade social e condições de vida dignas para a negritude. Fannie viveu nos Estados Unidos no final do século XIX, e uma frase dela citada por Patricia Hill Collins em *O pensamento feminista negro* me marcou para sempre. Ela dizia que o fato de nós, mulheres negras, não sermos reconhecidas, faz com que ninguém acredite na gente. Nós somos resumidas a um problema social. Mais de um século depois, continuamos sendo lidas como problemas, e as pessoas seguem sem acreditar em nós. Este livro, portanto, é uma tentativa de responder à pergunta não respondida e ao mesmo tempo afirmar: você não acredita em mim, e existem muitas razões para isso.

Antes de compreender por que você não acredita em mim, você precisa saber quem eu sou, ou melhor, quem são as pessoas que historicamente têm sido desacreditadas. Este livro é sobre essas mulheres e homens negros que cotidianamente se veem descredibilizados pelo racismo. Este primeiro aviso é importante porque te dá a oportunidade de não seguir lendo. Também é importante que você saiba desde já quais aspectos serão abordados e pela lente de quem se estabelecem os olhares que viram vozes aqui, ou seja, quem eu sou. Entrarei em detalhes mais adiante, mas já saiba que é por minhas lentes que este livro é escrito: uma mulher negra que narra essas trajetórias em uma voz autodefinida.

Isso quer dizer que, em vez de deixar que outros me definam, quem me define sou eu. Também quer dizer que, para escrever estas linhas, precisei de muita doçura no meu coração. Precisei aquietar a minha raiva. Entender que vou te conduzir por esta leitura com paciência e sabedoria. Veja: se eu escrevesse com raiva, errada não estaria. Mesmo assim, defino minha voz sem raiva alguma, mas comprometida com a assertividade e com a didática radicalmente amorosa que minha mãe me ensinou. E escrevo para te explicar que não sou agressiva, assim como para te explicar outras coisas sobre a população negra que já passou da hora de você saber. Na verdade, é meu afeto profundo que te oferece a chance de ser uma pessoa melhor, mais bem informada e capaz de não reproduzir discursos violentos sobre pessoas que já são tão frequentemente feridas.

O que você tem em mãos são as histórias que vi, ouvi ou vivi a respeito das vidas de pessoas negras, pessoas que, assim como eu, tiveram a sua verdade questionada, suprimida, silenciada, pervertida, roubada. Pessoas que precisaram conhecer as razões pelas quais seus direitos eram suprimidos, pessoas que precisaram resistir ao impacto do silenciamento que se estabelece a partir dessa descrença histórica que recai sobre nossos relatos.

Sabendo disso, talvez você não queira mais ler este livro. Afinal, a quem importam as experiências de pessoas negras, se não a elas mesmas? Te aviso, entretanto, que não se importar é um equívoco. Embora este livro fale bastante sobre mim, ele diz mais a respeito daqueles e daquelas que não são pessoas negras do que se possa imaginar. A diferença é que, aqui, a voz que narra os acontecimentos é aquela que normalmente é silenciada por outras pessoas. Aqui, é a Winnie Bueno, mulher preta, bissexual, de terreiro, nascida e criada no sul do Brasil, que conta as histórias. Falo eu, não apenas por mim, mas também por muitas pessoas que não tiveram a oportunidade de exercer a sua fala, sobretudo mulheres negras que, no fim das contas, são as protagonistas destes escritos. É uma escrita por nós.

Por conta desses recortes, as coisas que iremos descobrir sobre as pessoas que não são negras são originadas da minha observação do que essas pessoas fizeram quando vivenciaram situações inter-raciais cotidianas. Escrevo partindo do lugar de onde eu vejo as pessoas brancas e suas constantes tentativas de transformar pessoas negras naquilo que os brancos pensam sobre elas, em vez de enxergá-las como efetivamente são. Contudo, este livro não tem por objetivo demonstrar que pessoas brancas são ruins, perversas, cruéis, bestas, desumanas, ignorantes e sem alma. Afinal de contas, vários livros fizeram isso com pessoas como eu, negras, e a gente sabe bem que isso não trouxe nada de bom. Embora todos esses adjetivos possam ser aplicados às pessoas brancas em vários momentos da história mundial, este livro não foi escrito para que elas se sintam responsáveis por todas as mazelas da sociedade. (Ainda que devessem. Se não por todas, ao menos por parte significativa delas.)

Na verdade, ele nasce de uma necessidade de dar nome às coisas e romper silêncios. O silêncio, a propósito, será um tema recorrente neste escrito, da mesma forma que é tão constantemente tematizado nos escritos de mulheres negras. Audre Lorde, Grada Kilomba, Sueli Carneiro, Conceição Evaristo e muitas outras autoras já escreveram sobre o impacto do silêncio nas vidas de pessoas negras. Parte importante das dinâmicas de manutenção do racismo tem relação com o silêncio — como demonstra Sueli Carneiro ao falar em epistemicídio, uma arma para negar a intelectualidade de mulheres negras — e, no contexto brasileiro, é inegável que ele operou como poder. Aprendi com as escritoras negras que precisamos estilhaçar as máscaras de silêncio e que nossas vozes são ferramentas potentes para cumprir essa missão. Segurei o bastão oferecido pelas minhas mais velhas, por aquelas que já mencionei e por Mãe Beata de Yemanjá, Jurema Werneck, Lúcia Xavier, Patricia Hill Collins, Angela Davis e tantas outras para me somar às minhas contemporâneas na continuidade da tarefa de quebrar os silêncios. Esta escrita também é uma contribuição que visa destroçar as máscaras do silêncio.

Este livro é uma possibilidade de pessoas negras terem certeza de que não estão exagerando, de que não são loucas ou um bando de *mimizentas*, como muitas vezes ouvimos ao reivindicar nossas questões. Também é uma possiblidade para que pessoas brancas saibam que nós, pessoas negras, temos total consciência de como são construídos os processos de silenciamento das experiências e trajetórias de nossa comunidade. É uma oportunidade de refletir sobre as razões pelas quais persiste certa dificuldade em enxergar pessoas negras para além de imagens e narrativas que foram previamente definidas para elas, pelas ideologias que sustentam o racismo. Especialmente, é uma forma de, a partir da minha experiência, localizar quem é o opressor e quem é o oprimido quando se trata de racismo.

É muito provável que os leitores e leitoras deste livro não sejam pessoas que acreditam que não existe racismo no Brasil. Você provavelmente o está lendo justamente porque não é desse tipo. Mas a verdade é que, apesar de hoje, graças aos empenhos e lutas dos movimentos sociais negros, ser quase incontestável que o racismo é uma estrutura que organiza a sociedade brasileira, muitas vezes as pessoas brancas se recusam a reconhecer que, individual e coletivamente, contribuem para que o racismo persista organizando todas as esferas da sociedade.

Também é bem provável que você não se considere racista. Mas o fato de você acreditar que a escravização foi uma atrocidade não significa que você não seja racista. O fato de você acreditar que as violências promovidas por grupos supremacistas brancos são absolutamente repudiáveis não significa que você não seja racista. E o fato de você acreditar nos discursos antirracistas, sendo capaz inclusive de reproduzi-los, sinto muito, não significa que você não seja racista. Você talvez esteja se perguntando: "Se tudo isso não significa que eu não sou racista, o que, afinal, significa?". Bom, eu vou tentar te explicar nas páginas a seguir.

Por fim, também é possível que as pessoas brancas que lerem este livro não se reconheçam em nenhuma das situações aqui narradas e automaticamente se afastem dos personagens e das situações. Mas saiba que as histórias que preenchem este livro são todas reais. Em sua grande maioria, não são momentos nos quais o racismo apareceu de forma nua, fácil de identificar e combater. São histórias de como o racismo e os sistemas de dominação, que são construídos em conjunto, aparecem muitas vezes de maneira sorrateira, silenciosa, oculta. São uma tentativa de revelar as formas de racismo que muitas vezes só são percebidas, ou, como você vai ver, às vezes nem isso, por quem é diretamente atingido por elas: nós, pessoas negras. E não sei se você consegue compreender quão estratégica é uma violência que chega a fazer a pessoa violentada questionar se aquela agressão está mesmo ocorrendo, mas posso te garantir que esse tipo de coisa é extremamente tóxica. Vivenciar o racismo, sofrer o racismo e não conseguir nomeá-lo enquanto racismo é uma chaga que causa traumas profundos em nós.

Então, também proponho que esta leitura seja um lugar de acolhida, um lugar onde essas pessoas que foram tão profundamente traumatizadas possam saber que alguém compreende exatamente o que elas sentiram e o que esse sentimento lhes custou. Talvez, em alguns momentos da leitura deste livro, você, leitor e leitora negra, precise se afastar dele. Seja porque vai ficar desconfortável em se reconhecer nos relatos, seja porque será doloroso lê-los. Talvez isso também aconteça com você, leitor e leitora branca. Quando sentir essa necessidade de um respiro, faça isso. Afaste-se da leitura por alguns momentos e depois a retome. Eu fiz isso muitas vezes enquanto escrevia. Sei que vai doer ler, porque não foi nada agradável escrever (inclusive, demorou um tempão).

E espero, de verdade, que ao final da leitura você, leitor branco, entenda o tamanho do seu racismo e o que fazer para que ele não continue prejudicando as pessoas negras no seu entorno (se elas existirem...). Desejo que este livro faça você compreender que o antirracismo não irá fazer de você uma estrelinha especial, que o compromisso antirracista não é mais que sua obrigação cidadã, que é um exercício diário e que você não deve esperar receber nenhuma medalha por fazer o mínimo.

Mas é possível que você termine este livro dizendo: "Ainda bem que eu sou diferente desses brancos que machucaram a Winnie". E devo lembrar que a Winnie aqui nem sempre sou eu mesma: em alguns momentos, empresto minha voz para narrar acontecimentos que outras pessoas negras não tiveram a oportunidade de narrar. E, bem, você pode até não se identificar com nada do que vou descrever a seguir, mas, em algum momento da sua vida, você já desconfiou, já duvidou e já desacreditou de uma pessoa negra apenas por ela ser negra. E isso coloca você mais próximo dos meus agressores do que de mim. Agressores esses que tiveram seus nomes trocados aqui e que talvez se procurem nas histórias. Vão se achar, mas, como seus nomes são fictícios, não há muito que possam fazer para impedir que eu conte as coisas que sei, não sem que assumam que efetivamente não acreditaram em mim e, o que é ainda mais grave, produziram as agressões que são aqui narradas.

Enfim, você pode se considerar um aliado da luta antirracista e, ainda assim, ser alguém que não acredita em mim. Porque você não acredita em mim quando eu digo que você não acredita. Porque, se você acreditar e mesmo assim continuar sem fazer nada diante das violências que o racismo mobiliza, isso só mostra que você foi tão tomado pela desumanização que o racismo provoca que acabou desumanizando a si mesmo.

Nesta altura da leitura, talvez você esteja me considerando muito generalista, extremamente sensível, emocional, exagerada, enfim, esses estereótipos todos que são utilizados para despotencializar o que pensam, o que falam, o que escrevem mulheres negras. E, bom, isso é só mais um fato que comprova que você realmente não acredita em mim e possivelmente vai continuar sem acreditar. Mas eu espero que você dê abertura para receber essas palavras e exercer uma escuta. As palavras deste livro falam alto.

Foi muito difícil escrever este livro, e o resultado é um conteúdo um pouco dolorido. Mas ele não é apenas dor: tem muita resistência nas páginas a seguir. Tem a minha própria resistência, já que sobrevivi a muito disso, embora não intacta, e tenho hoje a oportunidade de contar essas memórias. Tem resistências outras que me inspiraram e me ajudaram a resistir também. Nossa vida, a de pessoas negras, muitas vezes é feita do contraditório. De, ao mesmo tempo em que somos silenciados, reencontrarmos em algum momento uma voz coletiva que nos permita narrar nossas memórias, vivências e experiências.

Lembra que eu disse que antes de mais nada você precisa saber quem eu sou? Afinal, para acreditar em alguém, precisamos saber quem a pessoa é — mesmo que, quando se trata de pessoas negras, nem mesmo o fato de conhecer a pessoa profundamente vá fazer com que você acredite no que ela diz. Você já deve ter ouvido uma história de racismo contada por uma pessoa negra e, ao final, questionado: "Sério que isso aconteceu?". Você descredibiliza pessoas negras de formas diretamente conscientes e de formas não tão diretas assim, e se recusa a acreditar. Mas, se acreditar, teremos que assumir que a sociedade brasileira é altamente perversa para pessoas negras. E, uma vez que você saiba disso e continue desacreditando da violência que atinge pessoas negras, você se torna sujeito ativo da manutenção da desumanização da população negra. Abraça a supremacia branca e a fomenta, mesmo sem ser um membro de um grupo definido como supremacista branco. Deixa de ser uma pessoa que herdou um problema iniciado por seus antepassados e passa a ser você o problema. E a realidade é que as pessoas brancas são o *grande* problema daquilo que elas entendem enquanto uma questão exclusiva das pessoas negras: o racismo.

Por mais que este livro seja, em certa parte, sobre as nossas dores coletivas, não é a partir da dor que você vai me conhecer. Há páginas e páginas adiante para você conhecer a minha dor. Aqui neste espacinho você vai conhecer a Winnie Bueno que existe além da dor.

Termino de escrever este livro aos 34 anos, após começá-lo no auge da pandemia de covid-19. Nasci no final da década de 1980, em um cenário de profundas mudanças sociais no mundo inteiro. Naquela época, parecia que as lutas por liberdade nas suas mais variadas esferas viriam a proporcionar uma sociedade mais justa, sem tanta desigualdade. Esse cenário de mudanças e crença na justiça social inspirou minha mãe, Sandrali, na escolha do meu nome. Ela me deu o nome de uma mulher que lutou contra o apartheid, que dedicou sua vida, seu amor, sua família ao povo negro sul-africano. Meu nome é Winnie em homenagem a Winnie Mandela.

Fui gestada em meio à luta pela liberdade, e o fato de eu ter nascido em um momento em que se renovavam as esperanças emancipatórias fez com que minha mãe e minha avó, Tuli, me preparassem para um mundo diferente. Na minha casa, minha mãe se preocupava em me ensinar as coisas bonitas da população negra brasileira. Ela se preocupava com que eu me orgulhasse da minha cor, do meu cabelo, das estampas africanas que ela usava quando ia às reuniões do movimento social. Minha mãe se preocupava que eu conhecesse nomes africanos e que amasse os Orixás. Aos sete anos, eu sabia que era filha de

Yemanjá e que ela era dona de toda a imensidão do mar. Por isso, sempre amei o mar, porque, para mim, ele significava mãe, uma mãe preta que era maior e mais preta que a minha mãe de carne e osso.

Minha mãe de carne e osso tentou me proteger de todas as coisas ruins que o racismo poderia acarretar na minha vida, mesmo sabendo que isso era impossível. Naquilo que ela não pôde me proteger, minha mãe dona da imensidão do mar me acolheu. As minhas mães me proporcionaram ter ainda outras mães, e todas elas me ensinaram que viver é insistir em resistir. Eu resisti. Continuo insistindo na resistência. Essa insistência toda me fez crescer muito curiosa, inteligente e esperta. Tinha vontade de ler tudo que chegava na minha mão e queria pegar aqueles livros que ficavam lá no alto das estantes da minha casa e que meu tamanho de criança não alcançava. Quando ainda não lia, eu gostava de olhar as letras em cada lugar onde apareciam. Dos letreiros das lojas aos livros que minha mãe tinha. Gostava das enciclopédias, dos atlas, dos livros de história. E, assim que comecei a ler, passei a amar também o que as palavras diziam. Eu gostava de ir às aulas de dança afro brincar com crianças pretas como eu, e embora eu não fosse lá muito coordenada para dançar (sim, nem toda pessoa negra sabe dançar), naquele espaço eu vivenciava todas as potencialidades que uma criança merece vivenciar.

As mulheres que me ensinaram a ler, a escrever, a formular pensamento crítico e, sobretudo, a lutar, são todas mulheres negras. O compromisso dessas mulheres com a sobrevivência de seu povo fez com que eu chegasse até aqui viva e plena de potencialidades. Dedico esta escrita a essas mulheres que romperam seus próprios silêncios e abriram caminhos, não literalmente a ferro e fogo, mas com bravura e amor compartilhado, para que eu e tantas outras mulheres da minha geração não mais nos silenciássemos. Para que tomássemos nas nossas mãos o nosso direito de expressar a nossa própria subjetividade. O nosso direito de falar em nosso próprio nome.

Neste livro, estarei munida dos ensinamentos das minhas mais velhas e dos muitos artigos e livros que li. Vou me cercar das categorias do pensamento feminista negro, sobretudo do conceito de imagens de controle, formulado por Patricia Hill Collins, para te explicar as razões e os motivos pelos quais você não acredita em mim e para afirmar que eu e parte significativa das pessoas negras sabemos por que você não acredita. Ao final, você vai encontrar uma lista de textos, com o intuito de que você possa fazer o que eu recomendo a todo mundo que quer compreender o racismo em profundidade: estudar.

Esta apresentação se encerra com um convite. Eu convido você a deixar de lado as múltiplas formas que o poder encontra para manter as pessoas negras em um lugar de subordinação e a mobilizar uma sociedade na qual você possa acreditar em pessoas negras. Um futuro em que você seja capaz de olhar no fundo dos meus olhos e acreditar em mim. Um novo lugar, onde você possa assumir seu racismo, desconfortar-se com ele e, finalmente, agir no sentido de nunca mais fazer de novo.

É um exercício em próprio nome. Por mim, que tantas vezes já me questionei sobre porque você não acredita em mim, mas também por você, que pode, talvez, vir a acreditar.

# ACHADO X ROUBADO

> "*Uma criança negra, normal, tendo crescido no seio de uma família normal, ficará anormal ao menor contato com o mundo branco.*"
>
> FRANTZ FANON

A primeira lembrança que tenho sobre ter sido descredibilizada também é a primeira que tenho sobre ter sido silenciada, e também a primeira experiência de racismo de que tenho memória. Isso não é mera coincidência, embora eu tenha levado algum tempo para entender que tudo que vou relatar daqui para a frente tem a ver com a violência racial.

De modo geral, as pessoas tendem a compreender o racismo apenas quando ele se manifesta de forma direta. Sobretudo a partir de comportamentos pessoais. Racismo fica resumido ao que o Código Penal Brasileiro tem a dizer sobre ele. Porque, afinal, racismo é crime. Acontece que as pessoas brancas têm uma visão muito obscura e ilusória da sua própria ética, que acaba impossibilitando que elas revejam comportamentos cotidianos que também são formas de racismo, ainda que não penalizadas. O silêncio é uma dessas formas.

A experiência de ser silenciada é uma forma potente de descredibilização e uma violência racista sutil para quem comete, mas absolutamente traumática para quem vivencia. Quando você violenta alguém lhe impingindo o silêncio, você impede a pessoa violentada de se expressar; impede, inclusive, que ela possa relatar a violência. Logo, o silêncio é uma das mais eficazes ferramentas de manutenção do racismo e uma das que mais gera traumas e auxilia na continuidade da desumanização de pessoas negras.

Se não pode se expressar, você não tem como exercer sua cidadania e seus direitos. Se não pode falar sobre o que sente, você não tem como elaborar seus sentimentos. Se não tem autorização para falar ou se é forçada a se calar, mais cedo ou mais tarde sua voz desaparece. Racismo e silêncio têm conexões profundas, e o silêncio tem impactos mais profundos ainda na vida de pessoas negras desde a mais tenra idade. E você pode até acreditar piamente que nunca silenciou uma pessoa negra, mas talvez essa certeza seja apenas decorrente da falta de compreensão que você tem sobre o que significa silêncio e de uma autoindulgência bastante grande que pessoas brancas, no geral, têm consigo mesmas. Se você nunca percebeu como o silêncio sobre o racismo impacta a vida de pessoas negras ou como o fato de você se recusar a ouvir com atenção o que pessoas negras têm a dizer acaba contribuindo para a manutenção do racismo, sinto dizer, há algo bastante opaco na forma como você vê o mundo.

As tentativas de silenciamento na minha vida, como já comentei, começaram muito cedo. Também entendi muito cedo que as ferramentas do racismo para me silenciar eram sempre mobilizadas para que eu fosse eternamente culpada das violências de que era vítima. Afinal, se eu não falasse sobre essas violências, era como se elas não existissem. Como se não fossem violências, mas cenas do curso natural da minha vida. Muitas vezes, quando mulheres negras são violentadas, elas são aconselhadas a esquecer e ficar em silêncio. Recebemos esse tipo de conselho desde muito jovens, até mesmo de outras pessoas negras. Essa dinâmica tende a constituir o silêncio como um privilégio. Como se ficar calada fosse render algo de bom, quando, na verdade, não falar sobre as violências que vivenciamos faz apenas com que elas continuem acontecendo.

Um exemplo de silenciamento é o advento do bolsonarismo no Brasil. Esse movimento fez com que escutássemos repetidas vezes que estávamos todos no mesmo barco, o do neofascismo bolsonarista, e que todos nós passamos a ser afetados por novas formas de violência. E isso é verdade, mas também é verdade que o saldo dessas violências pesa mais para um lado, e não é para o lado das pessoas brancas. Ao dizer isso, a esquerda, dita progressista, cada vez mais alimenta uma retórica que ofusca a cor, que oculta a centralidade do racismo na estrutura das opressões. A ponto inclusive de sugerir que, quando as pessoas negras falam sobre os impactos do racismo nas ações do governo genocida, elas apenas fortalecem a lógica de violência que elas mesmas experimentam. Não é incomum que, quando pessoas negras reagem à violência racial, pessoas brancas não foquem no racismo que levou à reação, mas desloquem a narrativa para um lugar que coloca o negro como ameaça por reagir ao racismo. Outra coisa comum nesses tempos é a branquitude tentar nos culpar pelos problemas sociais que eles mesmos produziram. Ouvíamos e líamos nas redes sociais, por exemplo, que, se Bolsonaro fosse reeleito, a culpa seria das pessoas negras, que ficamos insistindo em falar sobre racismo quando havia outras coisas mais importantes para o momento. Essa é uma forma de dizer que o racismo não importa, que as violências experimentadas pela população negra não têm importância, que podemos ficar esquecidos.

O problema é que o silêncio não faz o racismo desaparecer. Reafirmo, ele apenas fortalece a violência racista. O silêncio é uma questão tão central ao racismo que não são poucos os estudos que o tematizam. Destaco especialmente aqueles escritos por mulheres negras. Audre Lorde talvez tenha a sido a que mais vocalmente expressou os problemas do silêncio. Ela, que descrevia a si mesma como negra, lésbica, mulher, lutadora, poeta, costumava dizer que escrevia por aquelas que não podiam, por aquelas que tinham medo. Dedicou sua vida e sua escrita a desafiar e descrever as injustiças das opressões interseccionais antes mesmo que *interseccionalidade* fosse um termo conhecido e reivindicado pelas mulheres negras. Audre é reconhecida por ter sido uma mulher que se recusava ao silêncio. "Fomos ensinadas que o silêncio vai nos salvar, mas ele não vai."[1]

Hoje eu também me recuso ao silêncio, mas nem sempre foi assim. Precisei romper com o silêncio porque, durante muito tempo, engoli em seco a tirania. Precisei entender que, cada vez que eu silenciava, estava engolindo violências. Penso que, ao romper com o silêncio neste livro, criei um risco a mim mesma, mas também criei um risco para os outros. Esses outros, que, aqui, felizmente não são eu nem outras pessoas negras, que quase sempre são vistas como "o outro" da sociedade. Neste livro, que fala de nós, os outros são eles.

A primeira lembrança de silenciamento de que me recordo me leva para um tempo em que eu era muito

---

[1] LORDE, Audre. *Irmã outsider*: ensaios e conferências. São Paulo: Autêntica, 2019.

**NESTE LIVRO, QUE FALA DE NÓS, OS OUTROS SÃO ELES.**

pequena, pequena a ponto de achar que os corredores do apartamento em que eu morava com minha família, composta por pai, mãe, irmã, avó, avô e madrinha, eram infinitos. Nesses corredores infinitos, eu corria e ria, às vezes com um lápis na mão riscando as paredes, imaginando caminhos para o futuro. Eu gostava muito de brincar. Meu passatempo favorito era imaginar ser adulta e ter dinheiro para comprar tudo que quisesse. Nessas fantasias, eu era rica, influente, e ninguém me impedia de nada. Às vezes também brincava de coisas "de criança", especialmente com minhas primas. Na casa delas, havia espaço e tempo para construir imaginações mais lúdicas, que envolviam restos de carpetes e tijolos utilizados para fazer casas para as bonecas carecas. Eu cortava o cabelo de todas as minhas bonecas, talvez porque aqueles cabelos nada tivessem a ver com os meus. Mas, no geral, eu gostava mais das brincadeiras em que podia imaginar o futuro, aquele futuro em que eu seria rica e bem-sucedida (um futuro pelo qual ainda espero, diga-se de passagem). Talvez tenha sido por essas brincadeiras da minha imaginação ousada que eu tenha ficado tão feliz no dia em que encontrei dinheiro no chão.

Eu estava brincando com as crianças no prédio e achei, entre as pedras do jardim, algumas notas de um dinheiro de cujo nome nem me lembro (é, eu fui criança em um momento da história brasileira em que o dinheiro trocava de nome toda hora). Eu devia ter uns cinco anos e lembro que logo corri para a vendinha que ficava em frente ao prédio onde eu morava para gastar todo aquele dinheiro, que eu nem sabia quanto era, em doces. A vendinha era uma mistura de mercearia e boteco, e o dono era um homem branco carrancudo, com um bigode grisalho amarelado de cigarro. Ele usava óculos grandes de aro de tartaruga colados com fita adesiva e se chamava Adolfo. Todo mundo no bairro conhecia o velho Adolfo e a sua vendinha. O balcão de onde ele atendia as pessoas era todo de madeira e vidro, uma madeira que lembrava aqueles tocos de acender fogueira dos desenhos que eu assistia pela manhã antes de ir à escola. Apesar da poeira dos vidros, era possível ver os doces do lado de dentro do balcão. Toda vez que eu ia à venda do velho Adolfo, ficava mirando aquele monte de doces. Merengues, marias-moles, doces de batata e abóbora, sorvetes secos, pacotes de biscoitos recheados e barras de chocolate.

Embora hoje, com meus quase um metro e setenta e mais de noventa quilos, eu seja qualquer coisa menos pequena, eu já fui um ser humano bem pequenininho, como toda criança (você pode até não acreditar, mas crianças negras também são seres humanos pequenos). Então, naquela época, eu não enxergava o tampo do balcão, só os baleiros que ficavam em cima dele. Eu via o velho Adolfo de baixo e ele me olhava de cima. Naquela idade eu ainda não sabia, mas homens brancos me olhando de cima seriam uma constante na minha vida. Mesmo depois de crescida, muitos desses homens sempre me olhariam de cima, ainda que fossem menores do que eu, física e intelectualmente.

Mas, naquele momento, isso não era uma questão para mim: os olhares de cima por parte de homens brancos ainda não tinham impacto na minha vida; eram apenas olhares. Por isso, eu muito alegremente estiquei minha mão para cima, balançando uma das notas do dinheiro que eu não sabia quanto era, e pedi meus doces:

— Seu Adolfo, seu Adolfo! Quero todo esse dinheiro de doce, um de cada, até o dinheiro acabar!

O homem puxou o dinheiro da minha mão com rispidez. Fiquei um pouco assustada, mas ainda assim estiquei as duas mãos abertas como uma concha esperando receber todos os doces que coubessem nelas. Mas as minhas mãos pequenas e escuras não receberam doçura. Elas receberam um tapa inesperado e amargo, acompanhado de uma pergunta traiçoeira:

— De onde você *roubou* esse dinheiro?

Eu só entenderia o que essa pergunta significava para uma criança tão pequena, cuja toda família aquele homem conhecia, muito tempo depois. No momento, me lembro apenas de ter ficado assustada, com o tapa e a pergunta, e de ter respondido muito rapidamente:

— Eu não roubei, eu achei!

Ao que aquele homem odioso respondeu:

— É mentira! Você é uma negrinha imunda, mentirosa e "ladrona"! Saia daqui ou eu vou chamar a polícia.

Berrei que iria contar tudo para o meu pai, e o homem berrou de volta:

— Conte, pode contar! Ninguém vai acreditar em você!

Voltei correndo e chorando para dentro do condomínio e me abriguei nas escadas que davam acesso ao prédio onde ficava o apartamento onde eu morava. Fiquei ali chorando, sem doces, sem o dinheiro achado, que me fora roubado, e silenciada. Solucei sozinha pelo que me pareceram horas e resolvi que não ia contar nada mesmo. Não contei para ninguém. Não contei para o meu pai, nem para a minha mãe, nem para a minha avó. Não contei porque tive medo de que as pessoas que eu amava tanto pudessem não acreditar em mim, pudessem me punir de novo.

Fiquei em silêncio. Sequei minhas lágrimas, engoli meu choro e só conto essa história agora porque o homem que me negou os doces, esse que me violentou, que apostou no meu silêncio como promotor da própria inocência, não pode dizer que o que eu conto aqui é mentira ou exagero. Não pode vir a público me descredibilizar. Por dois motivos: primeiro, porque ele já morreu; segundo, porque, se estivesse vivo e viesse falar sobre esse relato publicamente, ele estaria endossando o ocorrido, expondo-se daquela forma que mencionei na apresentação. O velho Adolfo, além de me roubar e me violentar, me tirou o direito de exigir reparação. Como tantos outros homens brancos na história, ele me roubou a inocência e a voz. Mais de 25 anos depois, devolvi minha voz para mim mesma ao contar essa história e expor os processos de culpabilização de pessoas negras, que ocorrem imbricados na descredibilização que nos é imposta. Que se inscreve no silêncio que opera como tecnologia de dominação.

O que acabo de regurgitar é um episódio de silêncio. Um silêncio que engoli, mas nunca digeri. Um silêncio que fala muito alto e que muito tem a dizer sobre a forma como crianças negras são criminalizadas e privadas de sua inocência e de sua própria infância. Eu não sabia na época, mas "achado não é roubado" não vale para crianças negras. Eu era muito pequena e ainda não sabia muito bem o que era a polícia; diferentemente da maioria das crianças negras brasileiras, o bairro em que eu morava, na época, não era marcado como um território de conflito, por ser um bairro de trabalhadores de classe média que em sua maioria eram brancos. Por isso, apesar de ter sentido muito fortemente as ações e palavras do homem branco que me agrediu, eu não tinha muita dimensão do peso dos insultos que me tinham sido proferidos. Mas eu entendi, por meio daquelas palavras, que, apesar de eu ter oferecido o dinheiro que era meu, apesar de eu ter pedido os doces em troca daquele valor que eu tinha, eu não os recebera porque era uma criança preta. Sabia que tinha sido impedida de comprar os doces com o dinheiro que era meu, porque eu o tinha achado, porque era preta. Sabia que não haveria doçura para mim, comprada ou dada, porque eu era preta.

Eu havia, de uma tacada só, aos cinco anos de idade, vivenciado uma multiplicidade de agressões racistas. E essa é a realidade de muitas crianças negras. Uma realidade que leva a tipos de silenciamento que não podem ser regurgitados como o meu. Porque são silenciamentos de assassinato, de morte violenta naturalizada e justificada por ideologias racistas que atravessam a vida de pessoas negras, e indígenas também, não importa a idade que elas tenham. Essas ideologias foram explicadas e nomeadas por Patricia Hill Collins como *imagens de controle*. Escrevi um livro sobre o conceito de imagens de controle,[2] mas talvez você não saiba o que elas são, então vou explicar a seguir.

Imagens de controle são a face ideológica do racismo e do sexismo: elas articulam justificativas para a naturalização das violências a que pessoas negras, em especial as mulheres, são submetidas, e sustentam as dinâmicas de poder já existentes. Elas apresentam dinâmicas múltiplas

---

[2] BUENO, Winnie. *Imagens de controle*: um conceito do pensamento de Patricia Hill Collins. Porto Alegre: Zouk, 2020.

e significados diversos para cada experiência individual de pessoas negras, e seus contornos são adequados conforme vamos modificando o contexto em que vivemos. Essas imagens repercutem de modo tão forte e cotidiano, principalmente a partir de estereótipos, que limitam a subjetividade de pessoas negras e contribuem para a naturalização das opressões que vivenciamos, inclusive na infância, como aconteceu comigo.

Crianças negras convivem com imagens de controle com tanta frequência quanto adultos negros. Meninos negros são violentados quando são chamados de problema, de safados ou de malandrinhos. Meninas negras são violentadas a partir de imagens de controle muito semelhantes às de mulheres negras adultas quando são encorajadas a cuidar de outras crianças, quando têm olhares impróprios direcionados aos seus corpos ou quando são chamadas de atrevidas. As crianças negras não têm a infância respeitada e assegurada, muito precocemente são "adultizadas". Isso eu também só saberia depois, mas agora sei o suficiente para poder contar.

Normalmente, quando crianças negras são violentadas, tanto sobre elas quanto sobre os seus responsáveis operam imagens de controle. Quando tentei comprar doces e recebi em troca a violência, a imagem de controle recaiu toda sobre mim. O homem branco de bigode amarelo que bateu em minha mão com força achava que tinha o direito de me punir. Porque homens brancos acham que têm o direito de punir todos que não são como eles. Acham que têm o direito de punir crianças, com destaque para as negras, há muito tempo. E se agarram nas justificativas ideológicas articuladas pelas imagens de controle para naturalizar as punições e violências que destinam às crianças negras. Não é natural que crianças sejam punidas. Mas essa ideologia pode fazer crer que não só é natural como também é devido.

As imagens de controle também fazem com que se consolidem ideias a respeito da credibilidade do que as pessoas negras dizem. A sociedade é mobilizada para não acreditar na palavra de uma criança negra e articulada para que seja totalmente natural e compreensível que você possa olhar para uma criança negra e dizer que ela é uma criminosa que merece ser controlada pelo braço armado do estado, ainda que, segundo o direito brasileiro, sequer seja possível considerar que crianças cometam crimes. Mas esse direito, esse discurso da proteção da infância e da adolescência, vale apenas para algumas crianças; para outras, as imagens de controle vão destinar um sem-fim de estereótipos que justificam que elas sejam punidas severamente, ainda que não tenham cometido ilícito nenhum. A pureza das respostas das crianças é um privilégio de crianças brancas. Às crianças negras não se atribui pureza, tampouco doçura. As respostas das crianças negras são silenciadas com violência.

O silêncio muitas vezes se apresenta como morte. As chances de uma criança negra ser assassinada com arma de fogo no Brasil é 3,6 vezes maior do que a de uma criança não negra.[3] A banalização da violência que acomete essas crianças é uma forma de fazer com que não se acredite

---

[3] *Crianças e adolescentes negras de até 14 anos morrem 3,6 vezes mais por armas de fogo do que crianças brancas, revela estudo do Instituto Sou da Paz*. Instituto Sou da Paz. Disponível em: <https://soudapaz.org/noticias/criancas-e-adolescentes-negras-de-ate-14-anos-morrem-36-vezes-mais-por-armas-de-fogo-do-que-criancas-brancas-revela-estudo-do-instituto-sou-da-paz/>. Acesso em: 15 jan. 2023.

nos seus direitos. Tratar crianças negras como pequenos criminosos justifica a ausência de comoção quando elas têm sua infância dilacerada pela violência. Se você não acredita na inocência de uma criança negra, não acredita na inocência de nenhuma pessoa negra. Para pessoas negras, a presunção de inocência, que é um direito, é negada. Nega-se a presunção de inocência da mesma forma que se negam outros direitos que são estendidos para a população branca. Quando nós somos culpados e acusados, cabe a nós mesmos provar nossa inocência.

O retrato da inocência, da pureza, da candura da infância é historicamente branco. Crianças negras não têm direito a brincadeira e com frequência crianças são mortas enquanto brincam. Você já ouviu falar em Emmett Till, um jovem negro que foi assassinado aos catorze anos, em Chicago, na década de 1950? Se não, vou te contar. O jovem Emmett foi acusado de ter assobiado para uma mulher branca de aproximadamente 21 anos. Ninguém viu, ninguém presenciou, e mesmo que tivesse presenciado, o que justifica que uma criança negra seja sequestrada e espancada até a morte, senão as lógicas de dominação que retiraram a inocência dessas crianças em todos os sentidos que a palavra pode ter? Carolyn, a moça branca que acusou Emmett de ter assobiado para ela, não foi questionada em seu relato. O marido de Carolyn e o outro homem branco, responsáveis pelos crimes de sequestro e tortura de Emmett, foram absolvidos; e apenas sessenta anos depois Carolyn relatou que a história que havia contado não era exatamente verdade. A mentira de uma mulher branca silenciou aquela criança negra.

A história de Emmett Till pode parecer, para você, um caso isolado da história estadunidense, marcada por um racismo profundamente segregador. Pode parecer que esse tipo de coisa jamais aconteceria no Brasil, principalmente hoje em dia. Mas já digo que, se parece, é apenas porque você vive muito alheio ao cotidiano de violência que crianças negras enfrentam no contexto brasileiro. Parece porque você é, possivelmente, uma pessoa branca que, de maneira cínica, acredita que somos todos iguais. Mas, se a história de Emmett Till é algo isolado da experiência racista estadunidense, como se explica que, em 2020, três meninos negros tenham sido sequestrados, torturados e mortos por supostamente terem roubado um passarinho?

Se você não se lembra, vou refrescar sua memória. Em 27 de dezembro de 2020, na favela do Castelar, em Belford Roxo, três amigos — Lucas, de 9 anos, Alexandre, de 11, e Fernando, de 12 — saíram de suas casas para brincar juntos no campo de futebol próximo de onde moravam. Quando eles não voltaram para o almoço, os familiares estranharam e foram procurá-los. Durante nove meses os meninos foram procurados sem sucesso. Levou três meses para que houvesse algum indício do que teria acontecido com os garotos, quando em março de 2021 o Ministério Público encontrou, em um vídeo que já havia sido apresentado pela Delegacia de Homicídios da Baixada Fluminense, a imagem das crianças andando em direção a outro bairro. A morosidade para solucionar o caso é um exemplo explícito do racismo no sistema de justiça, mais uma falha na investigação policial. Falha comum quando se trata de pessoas negras, de crianças negras. O desaparecimento de crianças brancas não admite falhas. E a própria investigação começou tarde: os familiares dos meninos relataram que, após a denúncia do desaparecimento, levou uma semana para que testemunhas começassem a ser ouvidas. Quase no final de 2021, um ano depois, a polícia concluiu que Lucas, Alexandre e Fernando haviam sido brutalmente assassinados por traficantes por causa de um suposto furto de passarinho. Entrando no mérito do tempo que essa investigação levou para ser concluída, pode-se pensar em vários significados possíveis para essas mortes. É importante lembrar que os corpos ainda não foram encontrados. A dor dessas famílias, que não puderam velar seus filhos de acordo com suas religiões, é inimaginável. Você sabe e eu também sei que crimes como esse acontecem com crianças negras porque o Estado brasileiro não se responsabiliza pela segurança pública dos locais onde essas crianças vivem, você sabe que a vida dessas crianças é lida como uma vida que vale menos. Você também sabe que meninos negros são lidos como adultos muito antes de atingirem a maioridade. Crianças negras não têm direito à própria infância. Meninos negros são alvos de uma política genocida que lhes deixa à própria sorte.

A inocência de Emmett e dos meninos de Belford Roxo foi roubada muitas vezes, assim como a inocência de outras crianças e jovens negros. Geralmente, crianças são consideradas como um grupo indistinto. Crianças não têm cor, não têm classe social, não têm etnia nem sexo. Existe inclusive um certo essencialismo quando se caracterizam crianças. Nele, enxerga-se a inocência, e também a necessidade de proteção, como uma característica intrínseca. A afirmação de que crianças são inocentes que têm direito à proteção é corriqueira. Mas então, se crianças são inocentes que têm direito à proteção, por que ninguém protege as crianças negras? Como conseguimos não questionar a violência que cotidianamente afeta a vida delas? Como crianças negras podem ser sequestradas, brutalmente assassinadas e isso não causar nenhum tipo de crise ética na sociedade? Por que, quando crianças negras são acusadas, ninguém acredita na sua inocência?

A resposta é mais simples do que você imagina: a não proteção de crianças negras faz com que desde muito cedo elas sejam afetadas pelo racismo e que elas precisem demandar muito tempo de suas vidas lidando com ele. Novamente, o silenciamento entra em cena, com essa expectativa que a gente paralise, que tenhamos medo de reagir.

Em 2020, em média, uma criança negra foi assassinada por mês apenas no estado do Rio de Janeiro.[4] Meninos e meninas que foram baleados. Acontece que, se as balas perdidas fazem sempre a mesma trajetória em direção aos mesmos corpos, elas não estão exatamente perdidas. O caso de Miguel, que foi deixado para morrer por Sari Corte Real, na cidade de Recife, também demonstra o quanto crianças negras não são cuidadas ou protegidas.[5] Desacreditar que crianças negras são inocentes e que, portanto, devem ser protegidas, é uma tecnologia de manutenção de poder. Se não são inocentes, não demandam proteção. Se não demandam proteção, podem ser punidas. Se podem ser punidas, também podem ser assassinadas, pelo Estado e por pessoas que me recuso

---

[4] Doze crianças morreram baleadas no Rio em 2020. *G1 Rio*. Disponível em:
<https://g1.globo.com/rj/rio-de-janeiro/noticia/2020/12/07/conheca-as-historias-das-criancas-mortas-baleadas-no-rio-em-2020.ghtml>. Acesso em: 15 jan. 2023.

[5] AGUIAR, Priscilla. Caso Miguel: Sari Corte Real é condenada a 8 anos e seis meses de prisão. *G1 PE*. Disponível em:
<https://g1.globo.com/pe/pernambuco/noticia/2022/05/31/caso-miguel-sari-corte-real-e-condenada-a-8-anos-e-seis-meses-de-prisao.ghtml>. Acesso em: 15 jan. 2023.

a chamar de cidadãos, mas que têm sua cidadania conferida pelas mesmas tecnologias racistas que enxergam crianças negras como se fossem menos que animais.

A propósito, você acredita mais na dor de um cachorro do que na de uma criança negra. Acredita mais na inocência dos animais que na inocência das pessoas negras. E provavelmente vai dizer que acredita, de forma geral, mais nos animais do que nas pessoas, mas posso apostar que você só usa essa afirmativa quando se trata de pessoas negras.

E, de fato, você acredita mais nos animais do que nas pessoas negras.

# CUIDADO! FRÁGIL!

Sempre fui uma pessoa muito sensível. Eu sinto demais o tempo todo. Minha sensibilidade é tamanha que, às vezes, preciso de dias organizando minha mente para lidar com a nocividade do racismo no meu corpo. Sinto angústias relacionadas ao fato de ser uma pessoa negra e viver em um país absolutamente racista quase que a todo segundo. Essas são as manifestações da minha própria fragilidade, um estado de profundo cansaço e exaustão, que sei que é compartilhado por outras mulheres negras, mas que foi tão fortemente ocultado por ideologias racistas e sexistas que nós mesmas, mesmo atravessadas por saberes e vivências, temos dificuldade de acreditar em quão sensíveis e frágeis somos. Quando nos deparamos com a nossa vulnerabilidade, queremos que ela desapareça. Ela é um incômodo, uma visitante indesejada.

Essa dificuldade é oriunda de um padrão que, ao naturalizar as agressões racistas e sexistas contra mulheres negras, nos deslegitima e nos culpabiliza pelas violências que nos são impostas. Nossas reivindicações nunca são suficientemente legítimas, e quando são indiscutíveis, nos acusam de não agirmos o suficiente para que elas cessem. Dessa forma, estabelece-se uma dinâmica na qual as pessoas brancas estão bastante cientes de que, mediante uma violência, as nossas reclamações não serão ouvidas, como aconteceu com o velho Adolfo e como tentou fazer Sari Corte Real. É por isso que somos ensinadas a ser fortes. Muito fortes. Mulheres fortes que recusam a existência das nossas próprias fragilidades. Mulheres fortes que jamais pedem ajuda. Mulheres fortes que não precisam de acolhimento e muito menos de cuidado. Tão fortes quanto as estruturas que são feitas para proteger os humanos em guerra. Este é o nosso papel: ser forte.

Durante toda a minha infância, minha avó tentou me ensinar que chorar não ia adiantar de nada. Esse ensinamento se dava da seguinte forma: se algo racista me acontecesse na rua e eu não reagisse, quando chegasse em casa eu apanharia. Não culpo minha avó por isso. Uma conduta pouco ortodoxa, confesso, mas na verdade era uma forma de defesa e a ferramenta que ela encontrou na época para me proteger. Na cabeça da minha avó, e de muitas mulheres da geração dela, ser forte, não chorar, reagir sempre eram formas de estar um passo à frente da violência. A ideia era: se eu estivesse no controle do meu choro, se agisse de forma a evitar toda e qualquer situação que pudesse me deixar vulnerável, essas situações seriam menos cotidianas. Minha avó sabia que a maioria das ocorrências de violência racial que eu enfrentaria aconteceriam quando estivesse sozinha. E, nesses casos, chorar não ia adiantar. Minha avó, uma senhora negra que havia muito defendia a si mesma, tinha plena consciência de que as reclamações de mulheres negras quase nunca eram consideradas e quase sempre eram desacreditadas.

As lágrimas de mulheres negras comovem quase ninguém, e quando comovem é apenas no limite da pessoa branca comovida poder demonstrar o quanto ela se sensibiliza com pessoas negras. Sabendo disso, engoli meu choro por anos. O racismo me impediu de ser vulnerável, de aceitar e de acolher minhas próprias vulnerabilidades. E me ensinou que, toda vez que pedisse ajuda, eu não seria socorrida. Precisei ocultar meus sentimentos e evitar minhas lágrimas de tal forma que, em determinado momento da minha vida, eu já não sentia quase nada e meu choro quase desapareceu.

A desconsideração e o permanente silêncio a respeito do racismo são poderosas ferramentas de naturalização das violências que sofremos. Como resultado, a cada vez que uma de nós relata uma situação de dor, somos lidas como exageradas, mentirosas ou reativas. Ao invisibilizar e silenciar a maneira como mulheres negras são tratadas, a sociedade em geral cria uma camada de não reconhecimento de sua responsabilidade em reparar os danos que o racismo e o sexismo, historicamente, causam para essas mulheres. Mesmo em setores tidos como mais progressistas, devido a uma tendência a visualizar as desigualdades e a violência a partir de uma perspectiva única, o silêncio a respeito das questões que tocam mulheres negras persiste.

Esse silêncio e essa desconsideração também foram motores da consolidação das múltiplas formas de perversão racial. Vou dar um exemplo. Imagine uma mulher com quarenta semanas de gestação em trabalho de parto. A gestação foi tranquila, sem riscos. Ao ser atendida na unidade de saúde, já com as dores de parto, as enfermeiras se irritam com ela reclamando de dor e a encaminham para a sala de parto sozinha. Quando chega lá, médico e enfermeiras não falam com ela nem a informam dos procedimentos. Tampouco utilizam medicamentos anestésicos e, quando falam, ofendem-na verbalmente, dizendo coisas como "Na hora de fazer não doeu, né?", "Sem reclamação, você aguenta". Quando tudo termina, separam a criança da mãe e ainda batem no ombro da mulher, dizendo: "Ano que vem te vejo aqui de novo". Agora me diga: quantos relatos assim você já ouviu vindo de mulheres brancas? E de mulheres negras?

Violência obstétrica é só um exemplo, mas ele serve aqui para dizer que, quando você atribui automaticamente a uma mulher negra um estereótipo de força incomensurável, mantém uma justificativa para a brutalidade do tratamento dispensado às pessoas negras na sociedade. Ao mesmo tempo, criar estereótipos a respeito dos comportamentos e das reações de mulheres negras mobiliza essencialismos que acabam por fazer com que pareçamos todas uma coisa só. E não somos. Nossas reações são diferentes, e as estratégias que encontramos para sobreviver em um mundo que cotidianamente nos violenta também. Contudo, como foi articulado em relação a pessoas negras, esse discurso que não permite fragilidades nem vulnerabilidades nos deixa em uma eterna arapuca, em que ser forte ou ser frágil é sempre sinônimo de mais violência.

Sempre há uma forma de nos culpabilizar pela violência que sofremos. Tudo isso é bastante desgastante do ponto de vista emocional, e por consequência acaba sendo desgastante financeiramente, porque exige horas de terapia que precisam ser pagas. Isso quando temos esse privilégio, uma vez que o acesso à saúde mental no Brasil, especialmente para mulheres negras, está longe de ser um direito.

Outro exemplo que mostra como a descrença na fragilidade das pessoas negras aparece é que não é incomum pessoas brancas exporem pessoas negras a algum espetáculo em que agressões são cometidas contra nossos corpos. Isso acontece de muitas maneiras, com a produção massiva de roteiros de cinema, novelas ou séries nos quais, ao mesmo tempo que se amplia a presença de pessoas negras na tela, amplia-se o cardápio de violência que será destinado aos corpos negros que protagonizarão o enredo.

Tomemos o exemplo de Taís Araújo. Durante muito tempo, a atriz foi a única referência midiática negra jovem que eu tive. Era a única pessoa mais ou menos parecida comigo que eu via na televisão, e muito "mais ou menos", já que somos mulheres absolutamente diferentes, e o que temos em comum é que somos duas mulheres negras. No meu tempo de menina, essa única referência era motivo de acalanto, era uma maneira de eu me ver. Eu consumia absolutamente tudo que tinha a presença de Taís Araújo e levei muito tempo para questionar a forma como sua presença na tela era demonstrada.

Na primeira vez que uma personagem da atriz foi brutalmente violentada em tela, para todo o Brasil ver, eu era uma criança de pouco mais de oito anos. Uma criança de oito anos proibida de assistir a novelas, mas que, num descuido da avó, escapou do quarto e se sentou quietinha no chão da sala para ver a menina com quem se parecia na televisão. Justamente nesse dia, passava o episódio em que Xica da Silva, castigada por sua sinhá, é obrigada a engolir um ovo quente inteiro. Essa cena nunca saiu da minha cabeça. Ela me atormentou durante muito tempo. Na verdade, tudo nela ainda me atormenta e provavelmente fixará morada em mim até o resto da minha vida, em especial os olhos de temor da atriz que eu gostava tanto de ver em tela e que se parecia um pouco comigo. Minha cabeça de criança se perguntava repetidas vezes: como uma pessoa pode fazer outra engolir um ovo quente? Ainda hoje, quando penso nisso, minha garganta e meu estômago reagem: sinto tanto que é como se quem tivesse engolido aquele ovo quente tivesse sido eu. O trauma de Xica da Silva, retratado nos olhos de Taís Araújo, virou meu trauma.

Na infância, eu não entendia o que aquela cena queria dizer; hoje, mais de vinte anos depois, sei exatamente quais são as intenções por trás da repetição de imagens de violência que envolvem corpos negros. É justamente fazer esquecível, desimportante, a nossa dor. Quando expomos o quão frágil é a situação de pessoas negras na sociedade brasileira, somos ignoradas em várias esferas. Se falarmos da situação das mulheres negras, então, o silêncio é ainda maior. O movimento feminista historicamente fez isso e, durante muitos anos, o movimento negro também. As tentativas de nos calar em ambos os espaços também geram traumas que, ao longo da nossa jornada pessoal, precisamos superar em prol da nossa dignidade e das nossas pautas.

O esquecimento e a desimportância da nossa sensibilidade na sociedade racista são tão corriqueiros que se tornam cotidianos. As pessoas brancas, por exemplo, não fazem nenhuma reflexão sobre quão custosa é para a saúde mental de pessoas negras a hiperexposição à violência. Quando acontece uma situação de agressão extrema contra um cidadão negro e esta é registrada em imagem e som, ela é repetida de forma massiva e maçante nos veículos de comunicação e nas redes. E não é incomum que pessoas brancas compartilhem da mesma maneira esse registro com pessoas negras. Como se não bastasse isso, elas exigem das pessoas negras um posicionamento ou uma ação, enquanto elas mesmas apenas assistem à violência.

Esse comportamento é uma maneira de as pessoas brancas deixarem evidente que o problema da violência racial não é delas, porque não as atinge. Essas pessoas não compreendem que, para as pessoas negras, assistir repetidamente a esse tipo de conteúdo é uma violência em si. Elas parecem esquecer que, quando tenho que assistir a uma pessoa negra sendo violentada aos socos e pontapés ou sendo verbalmente agredida, consigo visualizar a mim mesma naquela situação. Fico perante uma violência que facilmente poderia ocorrer comigo, e assim também acabo sendo violentada junto. Se uma pessoa branca me envia um vídeo de uma situação de violência, ela deixa de reagir a essa violência para violentar a mim, desobrigando-se de atuar ativamente.

É importante dizer que, quando resolvo pedir que parem de me enviar esse conteúdo, as pessoas se ofendem. Para a branquitude, é errado que pessoas negras reajam quando são expostas à violência racial, é errado que, mediante uma situação de desrespeito em nosso cotidiano, apresentemos uma reação. Se ampliarmos a discussão para essas pessoas, é um exagero que mulheres negras exijam salários equitativos, porque primeiro temos que equiparar o salário de *todas* as mulheres; é um exagero reclamar melhores condições de trabalho, porque poderíamos ocupar os piores postos (sendo que, de fato, é o que ocupa a maioria de nós); é errado levantar a voz quando somos agredidas em nosso ambiente de trabalho, porque o correto seria agradecermos por termos um. O recado é um só: não reajam, nunca reajam. Resistir é pior. Assistam placidamente à violência.

Durante toda a minha vida, fui exposta a situações que me exigiam reações. Muitas vezes, essas reações eram necessárias em momentos em que eu estava fazendo nada mais do que viver a minha vida. Elas foram necessárias em filas para pagar por minhas compras, onde, múltiplas vezes, pessoas brancas passaram na minha frente e alegaram não ter me visto, apesar dos meus um metro e setenta, mais de noventa quilos e pele bastante escura. Apesar da minha incontestável presença em cada estabelecimento comercial em que pisei, o tratamento no geral se dá em uma destas três formas: sou ignorada enquanto consumidora; sou perseguida como alguém que poderia furtar algo dentro da loja; sou confundida com alguém que trabalha no lugar, especialmente se o local for um supermercado. Não preciso dizer que nunca fui confundida com a médica, a chefe ou a dona do estabelecimento. Quando esse tipo de confusão aparece, é sempre na tentativa de me colocar em uma posição de subordinação aos brancos hipotéticos ou aos que ali estiverem.

Note que esses são exemplos apenas em ambientes comerciais; há muitos outros. Eles podem acontecer nas nossas relações afetivas, profissionais e até mesmo quando estamos tentando desfrutar nosso lazer. Acontecem quando alguém faz uma piadinha racista e o clima fica desconfortável, mas nenhuma pessoa branca sai do seu conforto para repreender quem fez a piada. Acontecem quando precisamos exaustivamente explicar coisas básicas sobre a nossa própria humanidade, enquanto estamos apenas tentando executar nossas tarefas cotidianas de trabalho. Acontecem quando estamos tomando um sol na praia e uma amiga branca diz que vai ficar tão preta quanto nós no verão. As pessoas negras não deveriam ser obrigadas a reagir a esse tipo de situação, e algumas não reagem, pelos mais diversos motivos.

Eu precisei reagir desde muito cedo. Precisei reagir durante a minha vida escolar e no ambiente acadêmico, como quando os funcionários da segurança da universidade insistiam em questionar, toda vez eu que chegava para as aulas, para onde eu estava me dirigindo. Ou quando eu chegava para atender algum cliente no estágio em direito e os clientes do escritório duvidavam que eu fosse a estagiária ou se recusavam a ser atendidos por mim sem a presença do advogado. Esse ambiente tóxico se concretiza em todas as esferas e em todos os momentos, da infância à fase adulta, na vida de mulheres negras na escola, no trabalho, no ativismo, nas interações sociais. Em todos os lugares experimentamos esses encontros com as perversidades do racismo, às vezes de forma mais sutil e, em outros momentos, de maneira bastante escrachada.

Foram inúmeras as situações em que precisei reagir, mas esse volume de reações também me cansou e constantemente me paralisou. Às vezes eu queria que alguém reagisse por mim, que alguém viesse ao meu socorro por me encontrar absolutamente fragilizada. Porém, esse socorro raramente chegava. Como já comentei, a falta de socorro tem a ver com a invisibilidade. Quando precisamos ser ajudadas, estamos à nossa própria sorte, porque nossas dores não são consideradas problemas sociais. Elas são esperadas. Em muitas situações, eu estava apenas sendo eu mesma, e, na lógica racista, isso por si só já constituía uma razão para ser violentada. Ser violentada deveria ser razão suficiente para que alguém demonstrasse solidariedade, mas, enquanto mulher negra, isso também acabava sendo negado a mim.

A falta de apoio social em situações de violência racial faz com que elas sejam consideradas desimportantes. Isso é o centro dos discursos que tentam invisibilizar o racismo cotidiano e reestruturar o mito da democracia racial brasileira. A retórica da inexistência do racismo é também uma forma de proteção da branquitude, pois, uma vez que se sustenta que essa violência não existe, automaticamente os autores da violência não podem ser penalizados por ela.

A ideia de democracia racial no contexto brasileiro é alicerçada na mestiçagem biológica e cultural entre três raças: a indígena, a negra e a europeia. Ela cumpre o papel de criar um clima de celebração de uma convivência harmoniosa entre todos os brasileiros, encobrindo conflitos e suprimindo identidades, uma vez que somos todos brasileiros e nossas diferenças não importam. Segundo o professor Joaze Bernardino,[6] a ideia de democracia racial brasileira cria o mito de que vivemos em um país livre de conflitos raciais, onde as oportuni-

---

6 BERNARDINO, Joaze. Ação afirmativa e a rediscussão do mito da democracia racial no Brasil. *Estudos Afro-Asiáticos*, v. 24, n. 2, 2002.

dades de ascensão social para brancos, negros e indígenas são as mesmas.

Ainda hoje, muitas pessoas se agarram ao mito da democracia racial para negar o impacto do racismo na estruturação social do nosso país. Foi a partir de um escritor e sociólogo branco chamado Gilberto Freyre que o mito da democracia racial ganhou força, especialmente com a obra *Casa-grande & senzala*, que durante muitos anos moldou o imaginário social sobre raça e miscigenação no Brasil. Freyre deu uma romanceada das mais pesadas nas relações entre senhores e escravizados, a ponto de parte de seu pensamento ter servido de base para fundamentar a meritocracia à brasileira. O mito da democracia racial não nasceu com os escritos de Freyre, mas com ele se fortaleceu e sustentou essa ideia de que, no Brasil, o preconceito racial não era determinante nas desigualdades sociais. Desde que os movimentos sociais negros começaram a denunciar o mito da democracia racial como uma ideologia racista, muitos pesquisadores importantes passaram a se debruçar sobre ele para compreender o impacto dessa ideia na sociologia brasileira. Uma das coisas mais importantes reveladas a partir desses estudos foi que as políticas de universalização implementadas durante o regime militar ignoravam completamente o papel da escravização, do racismo e das ideias históricas de paraíso racial no acesso a oportunidades por parte da população negra. O mito da democracia racial serviu para dificultar o reconhecimento do racismo como uma estrutura de poder, acabando por atrasar mudanças sociais importantes para o avanço do nosso país, sobretudo aquelas de cunho econômico.

Uma vez minimamente compreendida a ideia de democracia racial, dá para perceber como, apesar de atualmente ser consenso — ao menos no meio acadêmico e nos setores progressistas — que o Brasil está longe de ser esse romance onde as diferenças não importam, ainda sobra muito desse pensamento em muitas áreas das nossas vidas, especialmente no mercado de trabalho. É muito comum ouvirmos discursos que se baseiam na ideia da democracia racial para se contrapor a ações afirmativas raciais, como vagas exclusivas para negros em empresas ou benefícios para eles quando já contratados. Mesmo que, nos setores mais privilegiados do mundo corporativo, o ambiente seja majoritariamente ou exclusivamente branco, mesmo que nosso país seja de maioria negra, há uma negativa constante em reconhecer que as oportunidades não são as mesmas e que é necessário que sejam criadas políticas que possibilitem não apenas a maior presença de pessoas negras nesses espaços, mas também a construção de um ambiente onde essas pessoas possam desenvolver de forma saudável suas funções.

Esse também é um ótimo momento para explicar o que são microagressões, inclusive porque esse termo vai aparecer com alguma frequência nas páginas deste livro. Microagressões comunicam pequenas hostilidades raciais feitas para parecer menores do que realmente são. Elas podem ser verbais (por exemplo, elogios maliciosos ou de dupla interpretação); comportamentais (quando pessoas encaram o corpo do outro como um produto disponível para toques e olhares indesejados); com intencionalidade ou sem intencionalidade, mas se farão presentes como formas de depreciar pessoas não brancas. Apesar de terem um nome diferente, as microagressões são situações de racismo. Situações de racismo que, muitas vezes, são difíceis de abordar, porque não aparecem como aquele tipo de racismo da norma jurídica. Não se estabelecem enquanto injúria racial e constantemente são tão sutis que até mesmo a pessoa que está sendo atingida por uma microagressão não consegue identificar o que está acontecendo. Como não queremos ser acusadas de "mimizentas", exageradas, excessivamente agressivas, nem ter afetada a credibilidade do nosso trabalho ou ainda ser lidas como "a chata que só fala de racismo", vai se criando um ambiente absolutamente tóxico para a pessoa negra que acaba, com frequência, em um terror psicológico em que não sabemos para onde correr.

As microagressões normalizam ainda mais o racismo, e se existem é porque as pessoas brancas negam a fragilidade das pessoas negras ao mesmo tempo em que reforçam a crença na "fragilidade branca". O termo ficou popular depois que a escritora Robin DiAngelo, uma mulher branca, publicou seu livro *White Fragility: Why It's So Hard For White People to Talk about Racism* (em tradução literal, "Fragilidade branca: por que é tão difícil para pessoas brancas falar sobre racismo", publicado no Brasil com o título *Não basta não ser racista, sejamos antirracistas*), em que discute a fragilidade branca como uma forma de perpetuação das ideologias de supremacia racial. DiAngelo conceitua essa fragilidade como a resistência de pessoas brancas a falar sobre o racismo. Ela afirma que o racismo foi implantado nas pessoas brancas socialmente e que, para haver progresso social, é preciso que a branquitude reconheça isso. Não discordo dela, a não ser em relação à impossibilidade de reconhecimento da branquitude, uma vez que a branquitude não é um estado de ser, não é um sujeito, mas um sistema de dominação.

Uma observação importante nesse sentido tem relação com a própria construção do que é ser branco numa sociedade racista, especialmente na nossa, que está enraizada em padrões binários, nos quais a existência de uma coisa necessariamente invalida ou diminui a outra. Pessoas negras muitas vezes entendem que são negras pela dor. Por, em algum momento da vida, às vezes ainda na infância, terem sido expostas a uma violência racista, daquelas que viram a chave da pertença racial antes mesmo de a pessoa entender as características totais de ser negro. E isso fragiliza, machuca, dói. Ser branco é diferente: você entende desde cedo que é melhor ser branco do que qualquer outra coisa, porque é possível encontrar facilmente sua imagem refletida nos lugares. Você não se questiona sobre seu pertencimento, quase tudo está dado.

O mito da fragilidade branca geralmente aparece quando pessoas negras reagem às múltiplas formas de violência racial. O fato é que a maioria das pessoas brancas não suportaria um dia sequer do cotidiano de qualquer pessoa negra. Em especial porque pessoas brancas costumam reduzir o racismo ao que elas acham que o racismo é, e não ao que efetivamente enfrentam as pessoas negras. De nenhuma maneira quero dizer que pessoas brancas não sejam frágeis, que seus sentimentos possam ser atacados e que elas devam ser expostas a dores físicas e mentais. Tampouco quero diminuir as microagressões cotidianas a que mulheres brancas são expostas. Mas os argumentos utilizados para negar direitos a mulheres brancas são diferentes dos utilizados para desumanizar mulheres negras. E o complexo de opressões que atravessa as vidas de mulheres negras exige também que possamos vocalizar o que essas violências significam em nossas experiências a partir do que nós mesmas sentimos e enfrentamos.

Dito isso, podemos afirmar que as necessidades e reações de pessoas brancas sobre o racismo são uma forma bastante perceptível do mito da fragilidade branca, a ponto inclusive de virarem enredo de filmes. Se você já assistiu a *Corra!*, filme de Jordan Peele, deve lembrar como a moça branca usa suas lágrimas para se livrar de uma possível responsabilização pela violência que ela constante e sistematicamente aplicava em pessoas negras. Essa alegoria cinematográfica é resultado de práticas comuns no cotidiano da negritude. Se você for uma pessoa não branca, certamente já se deparou com as lágrimas brancas, ou no mínimo falas brancas emocionadas, em algum momento da sua vida. Elas se apresentam de muitas formas, e na minha própria vida apareceram: a lágrima como defesa e a lágrima como recurso de silenciamento.

A partir desse tipo de comportamento, torna-se difícil fazer com que as pessoas brancas percebam quão nocivas são suas ações para as pessoas negras. Especialmente porque, se as pessoas brancas perceberem as muitas formas como praticam racismo, também vão precisar admitir que a autoimagem que construíram de si mesmas, de seres humanos absolutamente benevolentes, cidadãos de boa índole e moral pura, é nada mais que uma grandiosa balela. As microagressões nada mais são do que o racismo que fica guardadinho nas salas privadas dos brancos, nos seus subconscientes, saindo volta e meia para passear de coleira.

Foram incontáveis as vezes, tanto na vida pessoal quanto na vida profissional, que presenciei pessoas brancas se recusando a discutir o próprio papel na manuten-

O COMPLEXO DE OPRESSÕES QUE ATRAVESSA AS VIDAS DE MULHERES NEGRAS EXIGE TAMBÉM QUE POSSAMOS VOCALIZAR O QUE ESSAS VIOLÊNCIAS SIGNIFICAM EM NOSSAS EXPERIÊNCIAS A PARTIR DO QUE NÓS MESMAS SENTIMOS E ENFRENTAMOS.

ção do racismo e de nossas vulnerabilidades. Essa recusa, no geral, está escondida em questionamentos do tipo: "O que podemos fazer? Como agir? Por onde começo?". Uma expectativa de que as pessoas negras forneçam receitas para que as pessoas brancas possam manter seus pressupostos morais. No fundo, elas não estão preocupadas em combater o racismo. O que buscam é um selo de aprovação outorgado por pessoas negras que lhes proteja de serem acusadas de racistas.

Não vou apresentar um protocolo ou uma receita pronta para que as pessoas brancas lidem com suas fragilidades emocionais fictícias. Digo fictícias porque esse sofrimento branco ao se descobrir racista não é real; ele nada mais é do que um sofrimento por afetação daquilo que elas achavam de mais incrível sobre si mesmas. Não vou apresentar protocolos e receitas porque o racismo e seus desdobramentos não serão solucionados com simplismos ou com historietas que acalantem os brancos quando se deparam com suas próprias perversidades. O que me interessa são ações que se desdobrem a partir da reflexão consciente do que significa a manutenção dessas perversidades. Do que significa manter mulheres negras como fortalezas à disposição de estruturas hierárquicas que as desumanizam, que lhes negam o direito à lágrima, ao desabafo, ao cansaço e à vulnerabilidade.

Quero acolher minhas fragilidades sem me sentir exposta por isso, quero ser acolhida sempre que precisar, quero poder chorar o desamor sem me constranger e sem ter minha legitimidade política e intelectual questionada por apresentar minhas emoções. Quero, enfim, uma fragilidade que possa ser livre para deixar minhas lágrimas correrem quando eu sentir tristeza.

# SENTIR, PENSAR, RESISTIR E SOBREVIVER

No decorrer da minha vida, aprendi muitas coisas. Todos nós aprendemos, obviamente. Todas as coisas que aprendi foram de extrema importância; aprender quase sempre é bom, e as coisas que nos são ensinadas, coletiva e individualmente, estruturam o que somos. Você é o que você aprende e o que você escolhe desaprender. E, em um país articulado pelo racismo, há muita coisa que precisamos desaprender, porque foram coisas ensinadas para manter um sem-fim de violências dirigidas às pessoas que fazem parte das ditas minorias sociais, aqueles para quem a sociedade relega o tratamento mais inescrupuloso possível.

Parte significativa dos meus aprendizados foi constituída a partir de vivência e experiência. E é bem possível que os seus aprendizados tenham sido constituídos da mesma maneira. No meu caso, essas vivências e experiências são atravessadas por várias formas de opressão, mas não é apenas a violência vivida que caracteriza meu caminhar.

Tenho 34 anos. Três décadas de vida que não são nada se formos olhar para a história da humanidade. Mas, quando se é uma mulher negra, esse tempo de vida também significa três décadas vivenciando um cabo de guerra sem linha definida, em que de um lado você só pode segurar a corda para não cair, enquanto do outro alguém te puxa até te ver no chão, estatelada e coberta de lama, preferencialmente. Para puxar essa corda para o lado que me mantém de pé, apesar das violências que me atingem, precisei ser muito inteligente. A população negra inteira precisou. E é por isso que se você, prezado leitor, for uma pessoa negra, muitas vezes vai se identificar totalmente com o que está escrito neste livro. As nossas experiências de dor e de afeto se repetem. A propósito, você perceberá que o processo de articular pensamento como forma de resistência tem no afeto uma ferramenta de aprendizado. O coração ensina; os sentimentos são ótimos docentes, apesar de nos terem dito, muitas vezes, o contrário.

Porque dizem por aí que quem pensa é racional. Não sente. Pensar com sentimentos, com afeto, é não fazer ciência. É pensar menos. É meramente emocional. Por isso mesmo, pessoas negras que ingressam no ensino superior com alguma constância se deparam com discursos como esses, especialmente mulheres negras. Nossa escrita e nossos saberes são considerados demasiadamente emocionados e, portanto, carentes de rigor teórico. E as palavras e os conselhos da minha vó Tuli ainda hoje são fundamentais para que eu não me esqueça quem sou e com quem devo de fato me importar. Minha avó e a avó dela, antes, ousaram não ser submetidas pelo escárnio e pelo controle dos brancos. A avó da minha avó rompeu com as regras que lhe eram impostas: afogou um filho para que ele não sofresse as angústias da escravidão. A minha avó, desde muito cedo, se colocou no mundo do trabalho, criou seus filhos e netos e jamais dependeu financeiramente de homem algum. Ela me ensinou que o conhecimento e a leitura eram lugares onde nós podíamos nos preparar para enfrentar as injustiças do mundo. A frieza e o escárnio dos brancos podiam ser desafiados a partir da certeza de que tínhamos adquirido muitos conhecimentos. Da certeza de que tínhamos feito três vezes mais, estudado mais, lido mais, nos esforçado mais.

Até bem pouco tempo atrás, do alto dos seus 92 anos, minha avó ainda lia e escrevia para manter a mente sã. Parou porque seus olhos já não dão conta de ler com a facilidade de antes. Mas foi vendo minha avó passar tardes a fio lendo livros no sofá de nossa sala, até o último raio de sol se pôr, que eu escolhi os livros como um espaço seguro. Foi com a vó que aprendi que os livros podiam me proteger do racismo. É onde moram meus estudos e minhas leituras sobre o que significa ser uma mulher negra no Brasil que me protejo. É com as coisas que eu aprendo lendo, vivendo e ouvindo que me constituo uma mulher assertiva, inteligente e potente. Nas vozes de outras mulheres, que eu ouvia nas reuniões do movimento social negro e do movimento de mulheres negras a que minha mãe me levava; nos pedaços de conversas que ouvia no salão de cabeleireiras em que trançava o cabelo; na voz da minha vó e das minhas tias; e nos livros que eu ganhava que tinham personagens negras na capa e na narrativa. Ouvi-las todos os dias, quando eu ainda era muito pequena, uma garotinha que usava no cabelo muitas tranças com miçangas que tilintavam e anunciavam ao mundo que eu existia, fez com que eu pudesse me conhecer melhor.

As histórias e os livros me ajudaram a entender que minha visão de criança sobre o mundo não estava de todo errada: o mundo sempre vai tentar nos controlar, e o racismo vai tentar nos derrubar, mas conhecer a nossa própria história pode fazer com que a nossa visão do mundo seja outra. Uma visão que nos inclua e nos coloque em lugares completamente diferentes daqueles em que estamos normalmente. Saber sobre quem somos é a maior ferramenta de conhecimento, poder e resistência. Cria uma espécie de abrigo subjetivo onde podemos nos sentir melhor. E saber quem somos a partir dos aprendizados coletivos, especialmente aqueles repassados pelas nossas mais velhas, permeados de ancestralidade, é o maior poder que as mulheres negras possuem.

Minha avó é uma intelectual que adquiriu todo o seu conhecimento a partir de suas vivências. Foi ela que me proporcionou a segurança para ser a mulher que sou hoje. Aprendi a confiar no meu melhor e coletei todas as lições sobre consciência que me foram repassadas. Minha avó me inspirou e nunca permitiu que eu duvidasse, nem por um segundo, do potencial criativo que a negritude tem. Nós somos as mulheres que sobrevivem em meio à perversidade criada pelo racismo. Articulamos diálogo, carinho e partilha que inspiram vida. Aprendemos e ensinamos a partir da palavra, do som, das cores, dos estudos, das vivências e das experiências das mulheres negras. Somos aquelas que encontram utilidade em experiências que ninguém acha válidas. Criadoras, potências, tecedoras de saberes. Intelectuais.

Mas é claro que, para as instituições que regulam o que é considerado ciência, o que deve ser valorizado enquanto conhecimento, nada disso funciona. De forma que elas encontram, na falta de base teórica branca e europeia, motivos para dizer que os saberes de mulheres como as minhas avós "não servem". Ou que os saberes das mulheres negras, que se articulam nas favelas e periferias deste país para criativamente organizarem o que o Estado não organiza, não é suficiente para ditar os rumos da política.

Um parêntese: se você não for uma pessoa negra, talvez não entenda o que quero dizer ao afirmar que mulheres negras articulam conhecimentos de resistência para fazer suas comunidades terem o mínimo. Mas, se você permitir que sua mente e seu coração funcionem de maneira mais alinhada, fica simples. Veja: todo mundo sabe que, em favelas e periferias, a violência é uma realidade. Também sabemos que são poucos os recursos estatais designados a fim de oferecer saúde pública de qualidade, educação, assistência social, condições sanitárias e todos os outros aparatos que auxiliam na construção de vida justa e digna para essas regiões. Mesmo na escassez de tudo isso, mulheres negras criam e organizam formas de distribuir alimentos entre seus familiares e vizinhos, com a formação de cozinhas comunitárias nesses territórios geridas por elas mesmas. Também organizam creches e escolas que possibilitam que as crianças tenham espaços seguros nos quais elas possam desenvolver minimamente seus intelectos sem serem atravessadas pela violência dos estereótipos que recaem sobre elas nas escolas regulares. São elas também que criam organizações em que outras mulheres negras podem ser acolhidas quando vítimas de situações de violência. Somos nós, mulheres negras, as responsáveis pela garantia do nosso próprio espaço seguro. Somos nós as responsáveis por fazer circular os saberes e vivências que nos permitem acolher umas às outras.

Os aprendizados coletivos partilhados que recebi como legado foram distintivos para que eu pudesse me resguardar minimamente dos efeitos nocivos do racismo na minha vida. Sobretudo os efeitos da violência do racismo epistêmico. A epistemologia é um campo de estudos que busca entender o que é o conhecimento, além de entender suas fontes e como ocorre sua aquisição. Quando falo de racismo epistêmico, quero dizer que o conhecimento produzido por pessoas negras e indígenas é desvalorizado e considerado qualquer coisa menos pensamento, enquanto o conhecimento produzido por pessoas brancas é hipervisibilizado. Isso não é obra do acaso. O racismo epistêmico apresenta uma dinâmica de poder: aquela bem conhecida e pregada pela supremacia branca. Principalmente porque, se o conhecimento é considerado domínio dos brancos, classificado por eles mesmos como "neutro", vão sendo categorizadas como inferiores as outras formas de articular saberes. Para me proteger dos efeitos individuais dessa lógica na minha própria trajetória intelectual, fui estudar epistemologias negras, especialmente as feministas negras. Conforme fui mergulhando nesses escritos, fui desvendando como era estabelecida uma série de artifícios do racismo que faziam com que a capacidade intelectiva de pessoas negras fosse constantemente questionada, desautorizada, descredibilizada e negada. No geral, essas coisas acontecem todas ao mesmo tempo: é um supercombo de racismo.

Parte importante dos processos que negam como conhecimento os saberes produzidos por pessoas negras tem a ver com o chamado *pensamento binário*. O pensamento binário é uma espécie de "ou isto ou aquilo" que fundamentou, junto da supremacia branca, a ideia de ciência neutra e objetiva, baseada em um sujeito universal. Segundo esse pensamento, se algo carece de neutralidade e objetividade, não pode ser considerado conhecimento. Se você tiver achado isso abstrato, pense em como brancos não se consideram enquanto brancos. Eles se consideram enquanto gente, pessoas, seres. Eles são o ser; nós, o outro, o *não ser*. Tanto é assim que basta dizer para um branco que ele é branco para ele se sentir surpreso, pois, lá no fundo, ele sabe que esse é um processo de redução de sua condição de *ser* a sua condição racial. Eu entendi o que significava o pensamento binário e seus desdobramentos para a manutenção dos sistemas de dominação a partir da obra *O pensamento feminista negro*, de Patrícia Hill Collins. Quando Collins explica o conceito de imagens de controle, ela demonstra como o pensamento binário é fundamental para a objetificação de pessoas negras. O pensamento binário categoriza pessoas, coisas e ideias segundo as diferenças que existem entre elas. Cada par, portanto, só tem significação em relação a sua contraparte. Na visão binária, as diferenças entre as pessoas sempre se dão por oposição, jamais sendo complementares. O branco e o negro, portanto, relacionam-se apenas como opostos.[7] Um desses opostos será objetificado pelos sistemas de poder: quando falamos do par negro/branco, o racismo faz com que o branco seja o sujeito e o negro o objeto; quando falamos do par homem/mulher, o sexismo faz com o que o homem seja sujeito e a mu-

---

[7] COLLINS, Patricia Hill. *Pensamento feminista negro*: conhecimento, consciência e a política do empoderamento. São Paulo: Boitempo Editorial, 2019.

lher seja o objeto. E, dentro dessa lógica, tudo que existe entre essas categorias é desconsiderado, inexistente, fora da curva.

Eles sabem exatamente o que isso significa, porque fazem isso conosco, pessoas negras, o tempo todo. Foi necessário que o negro fosse visto como negro a partir do que os brancos entendiam que o negro era para sustentar estruturas de poder. Dividir e categorizar faz parte da definição de padrões, e padrões se articulam a partir de oposições. O estabelecimento do branco como detentor de conhecimento e intelectualidade exige a fixação, em oposição, do negro no lugar de inculto. O branco se autoafirma com base na omissão das contribuições intelectuais de pessoas negras. Faz-se genial descartando a genialidade daqueles que ele considera *outros*.

Esse negócio foi longe a ponto de as pessoas brancas se sentirem no direito de teorizar sobre tudo, sobre as experiências que elas mesmas vivenciam e sobre todas as experiências não vivenciadas, mas por elas observadas sob o prisma dessa suposta neutralidade objetiva. Uma grandiosa balela que serviu de abrigo para muita mediocridade teórica que existe por aí e para um processo histórico de desconsideração de tudo que é produzido por pessoas não brancas. Aliás, quando a genialidade de uma pessoa não branca é tamanha que se torna impossível ignorar, correm os brancos a fazer comparativos que equiparem o que a pessoa produziu a algo que uma pessoa branca produziu ou tentam transformá-la em um modelo, uma exceção.

Existem padrões que operam no descrédito da inteligência e da sabedoria de pessoas negras. Apresento aqui dois que mais constantemente apareceram na minha vida e nos relatos que ouvi: a negação e a hiperexaltação. Já ouvi de muitas pessoas negras relatos de situações em que suas ideias foram desconsideradas sem nenhum motivo razoável. Também vivenciei muitas situações assim. Por exemplo, às vezes uma ideia apresentada por uma pessoa negra é descartada para que, no segundo seguinte, o mesmo conteúdo apresentado por uma pessoa branca seja celebrado como a mais impressionante constatação já vista. É a negação. Outra dinâmica comum é os brancos acharem que as pessoas negras não sabem se expressar e, quando encontram pessoas negras eloquentes, se espantarem, como se fosse algo inesperado, fora da curva. Acaba que dizem coisas como "é impressionante como [*insira o nome de qualquer pessoa negra aqui*] é articulada", "é absurdo como [*insira o nome de qualquer pessoa negra aqui*] fala bem". É a hiperexaltação. Você certamente já presenciou algo do tipo. O chefe de equipe que se maravilha com o fato de a pessoa negra falar outro idioma ou o professor que fica perplexo com o fato de o estudante negro ter propriedade intelectual para explicar o pensador que pouca gente realmente compreende. São discursos que operam a partir da racialidade e que visam deixar evidente que esse não é o esperado. O esperado é que pessoas negras não saibam muito bem como pegar um lápis... porque se espera que até esse simples ato seja conduzido por uma referência branca. O jeito certo é o jeito do branco.

Embora esses dois padrões possam parecer coisas completamente diferentes, eles, na verdade, têm a mesma intenção: mascarar contradições do racismo epistêmico que, ao mesmo tempo que ignora os conhecimentos produzidos por pessoas negras, se espanta com a sua existência. É por isso que funciona tão bem: sendo artifícios aparentemente distintos, eles podem ser utilizados para o mesmo fim em situações diferentes, e protegendo o ego do branco. Numa situação em que o branco pode ter o ego violado, ou seja, quando pode ser acusado de racismo por não reconhecer o brilhantismo de uma pessoa negra, ele transforma esse reconhecimento numa superespetacularização que inclusive o coloca no centro. "Olhe como este branco é legal, ele é capaz de celebrar de maneira efusiva uma pessoa negra." Por outro lado, quando seu ego não está em jogo, quando ele não será acusado de racismo por omissão, ele pode simplesmente ficar em silêncio. As maneiras como isso ocorre no cotidiano são bastante constrangedoras... Eu mesma fico muito desconfortável e enjoada com elogios eloquentes de pessoas brancas, porque a artificialidade é palpável.

O processo de descredibilização da inteligência de pessoas negras por negação tem relação com o que Sueli Carneiro descreve como o *dispositivo de racialidade*, um conceito extremamente complexo e avançado, assim como o pensamento da autora, uma mulher negra que constituiu seus processos de elaboração de conhecimento a partir da prática militante do movimento de mulheres negras brasileiras e que tem meus profundos afeto e admiração. Tenho tido a oportunidade de estabelecer muitas conversas com Sueli Carneiro e sempre aprendo bastante com ela. Por ser gigantesca, uma intelectual como poucas, ao me atrever a dialogar com seus escritos neste livro eu preciso respirar bem fundo várias vezes e ter bem explícito que, antes de colocar qualquer linha no papel, é preciso muito respeito. É com respeito que tento explicar a você as ideias de Sueli Carneiro, mas cabe advertir que, para entender o que ela escreve, será muito mais útil ler a própria. Eu recomendo.

A primeira coisa, então, é compreender minimamente o conceito de dispositivo de racialidade. Sueli Carneiro o articula para demonstrar a multiplicidade de práticas que o racismo e a discriminação racial mobilizam na sociedade brasileira. Esse conceito também nos permite entender a natureza das práticas racistas que operam no contexto brasileiro. Para Sueli, as relações raciais no Brasil são um domínio que produz e articula saberes, poderes e modos de subjetivação que configuram um dispositivo de racialidade.[8]

Para que as pessoas brancas fossem consideradas intelectuais brilhantes, sensacionais, indispensáveis e inquestionáveis, foi preciso articular ferramentas que desconsiderassem todo e qualquer conhecimento produzido por pessoas negras, reduzindo o negro a sua particularidade, que é a sua condição racial, assim como explorando o seu trabalho e seus discursos. Se as ementas das disciplinas das universidades são recheadas de intelectuais brancos, se os conceitos e categorias que organizam o pensamento social brasileiro são oriundos quase que exclusivamente do que os pensadores brancos formularam sobre o Brasil, isso não se dá porque as pessoas negras não escreveram ou pensaram nada que valesse a pena estudar. A própria forma como a academia é estruturada tem relação com tecnologias de poder e saber, resultado da integração do epistemicídio — a negação de conhecimentos a partir da morte física e cultural — ao dispositivo de racialidade. É

---

[8] CARNEIRO, Sueli. *A construção do outro como não-ser como fundamento do ser*. Tese (Doutorado) — Universidade de São Paulo, São Paulo, 2005.

aqui que se faz tão valorosa a contribuição de Sueli Carneiro para que sejamos capazes de compreender como intelectuais brancos rasos e medíocres são elevados ao posto de grandes pensadores enquanto pessoas negras que produzem formulações teóricas requintadas são desconsideradas enquanto intelectuais. O branco se produz enquanto intelectual ao mesmo tempo em que produz o negro como ignorante, e esse é um dos principais processos de inferiorização da negritude.

Ser considerado um intelectual, um pensador, é um privilégio social, constitui uma distinção social que, em um país racista, não poderia ser conferida aos negros. Para isso, portanto, nada mais óbvio que ocultar, no lugar onde repousa aquilo que entendemos enquanto lugar de produção de inteligências — as instituições de ensino —, toda e qualquer contribuição intelectual que pessoas negras possam ter produzido. Tanto é assim que, quando se deu a instauração das ações afirmativas de cotas raciais nas universidades brasileiras, luta que acompanho há mais de quinze anos, a grande preocupação da intelectualidade branca era a respeito da "qualidade" das instituições de ensino após o ingresso de negros, naquela ideia de que, se os alunos não tinham capacidade de acompanhar as aulas, com toda certeza diminuiriam o prestígio alcançado por essas universidades tradicionais. Um monte de mentira produzida a partir de um desejo oculto da branquitude de que as pessoas negras realmente não tivessem capacidade de ocupar esse lugar. Apesar desse desejo ter sido frustrado por resultados excelentes dos cotistas e bolsistas negros e negras, foram inúmeras as vezes em que ouvi doutores e doutoras dos mais variados departamentos do ensino superior questionarem a adoção de ações afirmativas a partir do pressuposto de que o ingresso de pessoas negras prejudicaria a excelência das universidades. Ora, se isso não é um exemplo bastante explícito do quanto as pessoas brancas realmente não acreditam na inteligência de pessoas negras, não sei o que é.

A branquitude passou tanto tempo comprometida em ocultar os feitos intelectuais de pessoas negras que realmente acreditou que negros não fossem capazes de ocupar os mesmos locais de estudo e fazer deles lugares de excelência ainda maior, uma vez que, com o aumento da presença de pessoas negras nas universidades, ampliaram-se os temas discutidos nas produções acadêmicas e novos pressupostos de produção de conhecimento passaram a ser considerados. O tecido social das academias se diversificou, as universidades ficaram mais plurais e a adoção das ações afirmativas melhorou a universidade. O que piorou foi a distribuição de recursos para a educação, estes ainda gestados pelas políticas mobilizadas por homens brancos e seus interesses.

Não tenho nenhuma memória, no meu período escolar ou mesmo nos meus tempos da faculdade, que não são tão remotos assim, de ter visto ou ouvido, em nenhuma das muitas horas de aula a que assisti, a figura de uma ou um intelectual não branco ser reconhecida como grande pensador ou pensadora. Na faculdade de direito, todos os livros-texto e fotocópias obrigatórias às disciplinas eram escritas por pessoas brancas, na sua acachapante maioria homens. Na escola, tudo que eu ouvia sobre pessoas negras tinha a ver com trabalho escravizado. O fato de eu não ter ouvido na escola sobre grandes feitos de pessoas negras prejudicou os rumos dos meus processos educacionais. Inclusive, fui efetivamente censurada quando adolescente ao questionar uma professora de história sobre a versão que ela ensinava do processo de abolição da escravatura brasileira. A versão contada era aquela que colocava Isabel como salvadora dos negros. O questionamento me rendeu uma suspensão e um convite para mudar de escola...

Nas aulas de literatura, quando se falava de Machado de Assis, nenhuma professora pontuava que ele havia sido um homem negro. Tampouco se dizia que os brancos eram brancos, mas nós sabíamos que eram. Sabíamos tanto que, durante muito tempo, achei que Machado de Assis também fosse. Ninguém nunca me disse e eu tampouco perguntei. Quando se falava da contribuição dos egípcios aos campos de conhecimento, o Egito parecia pertencer a um outro lugar que não a África, e eu também nunca questionei por que os livros de ciências que ilustravam a anatomia humana o faziam com corpos brancos. Conhecimento, portanto, era domínio dos brancos. Domínio de gente preta era trabalho braçal, representado nos livros didáticos em figuras de mulheres negras com os cabelos cobertos por lenços lavando panelas e de homens negros arando uma terra que não lhes pertencia enquanto eram açoitados.

Se conhecimento era domínio dos brancos e trabalho braçal sinônimo de corpos negros, isso só podia significar uma coisa: brancos pensam, negros não pensam. Como pessoas negras são seres não pensantes, nada mais lógico que suas condições de vida fossem piores. São menos inteligentes, logo menos aptos a trabalhos que exigissem intelecto aprimorado. Isso também me foi explicado na escola a partir do evolucionismo darwinista, sem nenhuma contextualização ou questionamento. (Não acredita em mim? Eu avisei que isso seria uma constante.) Os quadros evolutivos de Darwin estavam lá no meu material escolar, deixando evidente que, quanto mais preto, menos evoluído, e quanto mais claro, mais civilizado e, portanto, inteligente. Também ouvi durante muito tempo que o mais evidente sinal de inteligência humana era o domínio da escrita e que os negros que vieram escravizados para o Brasil não sabiam escrever, logo não sabiam se comunicar. Todas essas coisas eram um jeito de dizer indiretamente que as pessoas das quais eu e os poucos outros alunos negros da sala descendíamos eram burras ou no mínimo menos inteligentes que as pessoas de que descendiam quase todos os meus outros colegas de classe. Essas são formas de manutenção do poder.

Não compreendi os significados de tudo isso na minha vida e na vida das pessoas brancas até ser adulta. Embora, em nenhum momento da minha vida, eu tenha sido chamada de burra de maneira explícita, o não dito muitas vezes diz mais do que o efetivamente dito. Nesse não dito repousava muito do que me seria explicado posteriormente, não na escola ou na graduação, mas escavado nos escritos que me foram suprimidos durante muito tempo para que eu acreditasse que eu era efetivamente menos inteligente, menos capacitada, menos gente.

Rejeitar a inteligência do negro é uma forma potente de consolidar um tratamento desumano ao negro. Quando você se recusa a admitir a inteligência de uma pessoa negra, está negando a possibilidade de essa pessoa ser considerada enquanto sujeito. Essa negativa quase sempre aparece de forma sutil. Por exemplo, quando uma pessoa branca sempre interrompe a pessoa negra e ela não consegue concluir seu raciocínio ou quando, em uma reunião de trabalho, uma pessoa negra fala e automaticamente a branca passa a explicar o que a primeira acabou de proferir, a branca está dizendo, indiretamente, que a pessoa negra é incapaz de se expressar de forma compreensível, pois não é inteligente o suficiente para articular um pensamento.

Para naturalizar ainda mais que negros são desprovidos de inteligência, articulou-se uma estratégia estrutural que confere uma aparente lógica a essa afirmação. Se as pessoas brancas quiseram (e elas quiseram muito) conferir aos negros estereótipos relacionados à ignorância, nada mais óbvio que lhes negar condições de acesso à educação das mais variadas formas. Durante décadas, pessoas negras eram privadas de acessar a educação institucional. Isso, contudo, não significa que elas não articulassem outras formas de educar a si mesmas. Mas essa dimensão de insurgência pouco nos é contada. O que é contado é que os negros e negras não estudavam. Ponto. Depois contam que eles não frequentavam a escola. Depois contam que, mesmo podendo frequentar a escola, continuavam a não frequentar ou frequentando menos que os brancos.

Tudo é contado de forma parcial, para fazer parecer que as pessoas negras são responsáveis elas mesmas por não acessarem as oportunidades que lhes são oferecidas. Ninguém conta as condições precárias dessas oportunidades, ninguém fala sobre a violência que permeia essas oportunidades, quase nada se lê sobre as estratégias que vão sendo articuladas para adquirirmos educação mesmo em condições tão nefastas, porque, se isso for contado, você vai ter que admitir que as pessoas negras são muito inteligentes, resilientes, criativas, articuladas. Mediante um sem-fim de interditos, essas pessoas vão produzindo formas de inscrever a si mesmas no mundo apesar do racismo. A violência racista desejava que enterrássemos nosso intelecto nos padrões de conhecimento articulados pelos brancos. Na contramão disso, tornamo-nos agentes de conhecimento. Dedicamo-nos a conhecer de forma aprofundada, nas nossas vivências e experiências, em trocas profundas umas com as outras, nas leituras do que as pessoas negras formularam e naquilo que os próprios brancos articularam enquanto conhecimento, os motivos das desigualdades que nos atingem e como elas persistem. É necessário inteligência para desvelar tudo isso e produzir sínteses capazes de explicar a sociedade. Uma inteligência que não é reconhecida por títulos, mas que aqui quero reconhecer em afeto.

Já disse que a primeira pessoa a acreditar na minha inteligência foi minha avó. Minha avó é uma figura complexa, que me apresentou muita coisa do mundo de muitas formas. Como escrevi algumas páginas atrás, essas formas nem sempre eram as mais carinhosas que existem, mas era o que ela tinha para oferecer e não negava. Além disso, eram formas especialmente inteligentes de explicar o mundo para uma criança levemente alheia ao que nele acontecia. Eu tinha pouco mais de três anos quando a vó percebeu que eu conseguia reconhecer as letras se elas me fossem mostradas com frequência. Por isso, toda vez que saíamos, ela ia lendo palavras para mim no caminho.

Palavras que eu era capaz de repetir quando passávamos por elas novamente. A partir da minha capacidade de decodificar as palavras, ela logo incentivou minha mãe a me dar tantos livros quantos fosse possível. Ela também sempre foi muito convicta de sua própria inteligência, afirmando constantemente: "Eu sou muito inteligente, o que acontece é que eu não pude estudar". Depois eu descobri que isso se chama *autodefinição*.

A autodefinição nada mais é do que o poder de definir a si mesmo. De poder dizer quem se é por si mesmo, de rejeitar as imagens de controle impostas pelos sistemas de dominação às nossas experiências vividas. A autodefinição é importante porque é a partir dela que mulheres negras podem construir agendas políticas próprias, falando por elas mesmas, uma ação fundamental para o empoderamento. O conceito de autodefinição é atribuído a Patricia Hill Collins e foi construído a partir das experiências de mulheres negras estadunidenses observadas por ela, mas é um conceito mobilizado por todo o feminismo negro para demonstrar como mulheres negras resistem às dinâmicas das violências racistas e sexistas. Mulheres negras como a minha avó, que sempre teve uma autodefinição muito forte a respeito de si, do mundo e de como a sociedade funcionava.

Minha avó não aceitava que dissessem que ela era burra ou intelectualmente incapaz porque não tinha terminado os estudos. Ainda assim, ao mesmo tempo que ela sabia que não era o tempo de escola que definia a inteligência de uma pessoa, também sabia que estudar era importante, porque conferia acesso. Um acesso que, para ela, havia sido negado. As certezas da vó faziam com que a gente desenvolvesse uma intelectualidade promovida

AO MESMO TEMPO QUE ELA SABIA QUE NÃO ERA O TEMPO DE ESCOLA QUE DEFINIA A INTELIGÊNCIA DE UMA PESSOA, TAMBÉM SABIA QUE ESTUDAR ERA IMPORTANTE, PORQUE CONFERIA ACESSO.

por diálogos muito afetuosos que tinham como pano de fundo os livros. Depois que aprendi a ler, eu era estimulada a pegar livros da biblioteca, e a vó lia tudo o que eu lia. As coleções da minha infância, que talvez não fossem a mais estimulante leitura para uma senhora de setenta anos, eram todas lidas por mim e pela minha avó para que depois pudéssemos conversar sobre as histórias. Ela foi minha primeira professora de interpretação de texto e a primeira pessoa a repetir incessantemente que a única coisa que ninguém poderia roubar de mim era o conhecimento que eu tivesse adquirido.

Infelizmente, mais tarde eu descobri que a vó não estava absolutamente correta sobre esse último ponto. É verdade que ninguém pode extrair da minha cabeça nenhum tipo de conhecimento que eu tenha colocado para dentro dela. Mas o racismo pode negar de muitas formas que esse conhecimento me pertence. O racismo isolou o conhecimento que minha avó possuía às paredes da nossa casa, fez com que apenas seus filhos e netos alcançassem o tamanho do brilhantismo da mente transgressora dela. Assim como ela, muitas outras mulheres negras tiveram seus feitos intelectuais roubados pelo racismo. Contudo, aos poucos, presenciamos, a partir dos esforços das próprias coletividades negras, o reconhecimento das nossas potências intelectuais, apesar do silêncio das ementas dos cursos de ensino superior.

Vale ressaltar a importância da cultura negra para descortinar os silêncios a respeito da inteligência das pessoas negras. Em 2022, recebi a honraria de ser convidada pela Beija-Flor de Nilópolis para desfilar no carnaval do Rio de Janeiro. Sou uma apaixonada de longa data pelo carnaval que se apresenta na Sapucaí e que, na verdade, é realizado justamente pela intelectualidade negra. Também foi a vó quem primeiro me disse que as escolas de samba não eram escolas em metáfora e que, naqueles espaços, se articulava uma educação emancipadora. Você pode não acreditar, mas escolas de samba são organizações vivas que permitem que muitas pessoas acessem oportunidades de ensino, renda e cultura. Nas escolas de samba, pessoas negras podem aprimorar seus talentos como aderecistas, costureiras, bailarinas, musicistas, entre outros. Além disso, muitas escolas de samba oferecem projetos sociais de educação em regiões periféricas. Ali, a educação é feita com as pessoas e pelas pessoas. Tem espaço para todo mundo educar e aprender numa escola de samba. Das crianças aos mais velhos, permitindo uma sensação de pertencimento que muitas vezes não se encontra na sociedade.

Por isso, acredite quando eu digo que muito do que não era dito na minha escola de freiras era explicado quando os carros alegóricos e as fantasias passavam pela avenida. O carnaval das escolas de samba do Rio de Janeiro talvez seja a manifestação popular brasileira mais conhecida fora do nosso país. Pessoas de todos os lugares do mundo vêm assistir às agremiações carnavalescas. Quando a Beija-Flor propõe celebrar o pensamento preto e demonstrar como os intelectuais negros africanos e os negros brasileiros que deles descendem contribuíram para o conhecimento nacional, ela denuncia o epistemicídio. As referências da sinopse do enredo da Beija-Flor de 2022 deixam muita ementa de epistemologia comendo poeira. Ou purpurina, para manter as coisas no campo das folias de momo. Lá estão Frantz Fanon, Abdias Nascimento, Muniz Sodré, Solano Trindade e Nei Lopes, ao lado de Carolina Maria de Jesus, Conceição Evaristo, Sueli Carneiro, Jurema Werneck, Lúcia Xavier, Rosana Paulino e Ana Flávia Magalhães Pinto. Também estão muitos de nós que produziram conhecimento na academia e fora dela, que auxiliaram na democratização do ensino e que promoveram educação nos lugares que o branco costumava dizer que eram incivilizados: o terreiro, a capoeira, o samba, o barracão.

O processo de reconhecimento da nossa intelectualidade nada mais é do que resultado dos esforços que a própria comunidade negra impetrou. Se hoje reconhecemos a sociologia de Guerreiro Ramos e as inestimáveis contribuições de Lélia Gonzalez para compreender o Brasil, é porque outros intelectuais negros, tempos depois deles, não mediram esforços para fazer circular o pensamento produzido por essas e outras pessoas negras. Os trabalhos mais importantes de divulgação do conhecimento de intelectuais negros que já li são empreendimentos intelectuais de outros negros. Somos nós mesmos que vamos validando o nosso conhecimento, e hoje eu não considero mais isso algo ruim. Se antes eu achava importante que os brancos me reconhecessem enquanto intelectual (porque, afinal de contas, são eles que têm tudo e que, portanto, poderiam me oferecer oportunidades de trabalho dignas do que eu estudei e produzi), hoje priorizo ser reconhecida pelos meus pares. Acho importante que tenhamos conseguido, de alguma forma, nos livrar da angústia da validação de conhecimento vinda das estruturas brancas, do branco dizendo que o que a gente faz e pensa vale. Acho ótimo que dispensemos Sartre para ler Fanon e até mesmo que se possibilite entender o pensamento do branco pelas lentes do que os pensadores negros interpretaram deles. Ler Foucault via Sueli Carneiro ou Paulo Freire via bell hooks, assim, só para variar.

É possível que você não conheça os nomes dos intelectuais e das intelectuais negras que eu cito neste livro, e isso é resultado de uma forma de morte do pensamento e da comprovação de tudo o que defendo aqui. Se as pessoas negras não são conhecidas pelos seus feitos intelectuais, se a complexidade das vidas dessas pessoas é resumida a uma coisa só, se apenas poucas narrativas ganham visibilidade, torna-se ainda mais fácil descredibilizar aqueles que são silenciados. Não acreditar na inteligência das pessoas negras é fazer com que qualquer pessoa negra possa facilmente ser questionada em tudo o que faz e diz. Não acreditar na inteligência de pessoas negras naturaliza que elas tenham postos de trabalho piores e remuneração precária e, consequentemente, fomenta desigualdades sociais. É deixar morrer suas potencialidades.

Tudo que trago neste livro não é novidade: as mulheres que citei aqui já falaram sobre esses assuntos várias vezes. Se você ainda não as escutou ou não se lembra dessas mulheres falando a respeito de suas trajetórias e das tantas vezes em que seus conhecimentos foram desconsiderados enquanto trabalho intelectual, é porque você, direta ou indiretamente, também contribuiu para o processo de ocultação do pensamento produzido por pessoas negras.

# PRIVILÉGIOS
E HERANÇAS

Pessoas brancas dominam todas as instituições. Educação, mercado de trabalho, sistema financeiro e político. Dominam tudo aquilo que é sinônimo de poder. Esse é um aspecto indiscutível da supremacia branca. No Brasil, poder e branquitude são sinônimos. E essa é uma dimensão coletiva. O fato de você ser branco e não ocupar uma posição de poder não apaga o fato de que, em nosso país, ser branco é poder e o poder é branco. Até mesmo porque esse poder é exercido através de hierarquias e discursos estabelecidos por aqueles e aquelas que ocupam os mais altos cargos de poder: pessoas brancas. E isso, hoje, a história já conta. Durante muito tempo pareceu que as pessoas brancas eram as mais virtuosas, os grandes heróis nacionais, e que os povos indígenas e as pessoas negras apenas faziam parte da paisagem, isso quando faziam... Mas, graças aos esforços dos movimentos negros, de intelectuais negros, de acadêmicos negros, das lutas e da intelectualidade dos povos originários e das comunidades tradicionais, hoje já sabemos que a história do nosso país é com um "h" bem minúsculo, porque ficou escondendo muita coisa sobre a população negra justamente para sustentar privilégios, violências e lógicas de dominação entre pessoas. Uma lógica de dominação que no Brasil é essencialmente racializada.

Vivemos em uma sociedade de recursos limitados e hierarquias raciais, sociais, territoriais e de gênero. Quando falo em recursos, estou falando daquilo que a sociedade oferece para os seus cidadãos, como educação, trabalho e saúde. As hierarquias são sustentadas por falácias ideológicas que conferem o aspecto de inevitabilidade às condições sociais que desumanizam pessoas negras. O melhor emprego, querem os brancos crer, é apenas uma inevitabilidade, afinal de contas, que culpa têm os brancos de sempre terem tido acesso a oportunidades melhores, escolas melhores, bairros melhores, a tudo melhor? As narrativas sobre meritocracia, esforço, desempenho, excelência e todos esses blá-blá-blás do mundo corporativo, que aparecem ilustradas com fotos de homens brancos cisgênero olhando para o horizonte em seus ternos bem cortados, mantêm diferenças e hierarquias nas narrativas sobre pessoas brancas e pessoas negras.

Não sei se você que me lê está ciente disso, mas parte importante dos homens brancos considerados como aqueles que realizaram grandes feitos na história de nosso país — e que, por isso, tiveram seus nomes eternizados nas principais avenidas, praças e prédios públicos — na verdade não fez lá coisas muito grandiosas. Não estou dizendo que os feitos de alguns desses homens não tenham sido relevantes, mas eles não foram tão heroicos como todos nós fomos levados a acreditar. Eu descobri parte significativa dessas falácias históricas através do trabalho de historiadores e historiadoras negras, e outra parte descobri acessando conteúdos muito bem pesquisados e produzidos por gente preta. Uma dessas pessoas é o Tiago Rogero. Tiago é um jornalista negro que já produziu muita coisa importante para a comunicação social brasileira. Espero que você vá pesquisar a fundo todas as coisas legais que ele já fez, mas, para este livro, há dois trabalhos dele que são bastante importantes, porque vão ajudar você a entender as formas como pessoas brancas criam para si mesmas narrativas heroicas ao mesmo tempo que apagam a trajetória de pessoas negras. São dois podcasts: *Vidas Negras* e *Projeto Querino*.

O *Vidas Negras* tem por principal objetivo celebrar os feitos de pessoas negras, tanto daquelas que já não estão mais entre nós de corpo presente quanto daquelas que estão fazendo coisas muito importantes no agora. Lá você vai ouvir sobre a história do negro. Vai fazer um monte de reflexões legais, assim espero, e talvez, como eu, você fique um pouco indignado: como pode tanta gente brilhante e notável ter ficado tanto tempo esquecida, lembrada apenas pela comunidade negra? No *Vidas Negras*, você também vai entender como as próprias pessoas negras começaram um processo de reversão desse apagamento histórico a partir do resgate da nossa própria gente — através de podcasts e através das histórias que nossos pais e avós contavam e que, mesmo não tendo os tais registros históricos, fazem parte do que a gente compôs como memória ancestral.

O *Projeto Querino*, de outro lado, deixa bem evidente aquilo que escrevi algumas linhas atrás: como, ao mesmo tempo em que se ocultaram os feitos heroicos de pessoas negras, os feitos de pessoas brancas foram registrados na história nacional como heroicos, mesmo que muitas vezes não fossem tão heroicos assim. A intenção do projeto certamente é muito mais ampla do que simplesmente evidenciar que muito do que a gente foi ensinado é meio lorota, mas salta aos olhos quanto o poder influencia nas narrativas sobre o nosso país. É comum que alguns nomes considerados heróis e heroínas pela população negra sejam questionados pela ausência de registros históricos. É o caso de Dandara e Luísa Mahin, por exemplo. Enquanto isso, os feitos históricos registrados de pessoas brancas muitas vezes são narrados de forma muito fantasiosa e não passam por questionamentos. A história da independência do Brasil é mais ou menos isso. Para saber mais, você pode ouvir o podcast do Tiago. Eu trouxe esses exemplos apenas para ilustrar que o apagamento de pessoas negras da nossa história tem uma intencionalidade mais ampla do que ocultar a contribuição dos negros para a formação nacional: esse apagamento também funciona para hiperestimar a contribuição das pessoas brancas.

Esse longo processo de apagamento e ocultação é substancial para manter o *status quo* e os privilégios que são conferidos à branquitude pela sua pertença racial.

No Brasil, são inúmeras as injustiças raciais e os privilégios desfrutados pela branquitude. Esses privilégios não se resumem às narrativas históricas. Mas, para além da questão do privilégio, me interessa pensar em direitos. Direitos que são normalizados para pessoas brancas e impossibilitados para pessoas negras. Inclusos nesses direitos está o próprio direito à vida.

Ok. Você pode dizer: "Mas eu sou branco e estudei em uma escola ruim. Sou branco e sou pobre. Sou branco e vivo em um bairro onde o saneamento básico é insuficiente". E eu não duvido de você. Pessoas brancas também são expostas a condições ruins de vida, mas, como já comentei, você ainda tem mais acesso a direitos que pessoas negras. Já reparou como numericamente, em nosso país, pessoas negras estão sempre representadas nas piores posições de todos os indicadores sociais? Já notou como o racismo deixou uma coletividade inteira, metade da população brasileira, experienciando o pior que a sociedade tem para oferecer? Não acha estranho que todos os dias tenhamos a notícia de alguma pessoa negra sendo injustamente presa ou de uma criança negra sendo brutalmente assassinada pelo próprio Estado sem que isso gere ações contundentes e radicais que impeçam que o futuro dessas pessoas seja abreviado pela bala, pela fome, pelo descaso? Já percebeu como, entre pessoas brancas, é comum encontrar uma narrativa em que suas gerações vão superando a pobreza, enquanto pessoas negras têm narrativas de manutenção das suas gerações no mesmo patamar? E não acha curioso que tenha sido preciso que se criassem programas específicos de ingresso de pessoas negras no ensino superior para que essas pessoas pudessem efetivamente ingressar em número considerável nos cursos de maior prestígio nas universidades e, ainda assim, serem a minoria dos alunos nas faculdades de medicina, odontologia, engenharia e direito?

Esse acesso das pessoas brancas a possibilidades melhores e a ausência de recursos sociais para pessoas negras têm uma explicação complexa, mas que pode ser apresentada de forma simples. Ir à escola, ter acesso mínimo à saúde, não precisar temer a violência do próprio Estado são sinônimos de cidadania. Se você tem equipamentos sociais à sua disposição significa que você é um cidadão, que pode contar com garantias de direitos, como o direito de ser levado a julgamento caso você cometa um crime. O direito à ampla defesa e tantos outros direitos fundamentais são isto: *direitos*, e não privilégios sociais. Você tem direitos de cidadão por ser um *sujeito de direito*. E, mesmo que a ideia de sujeito de direito leve à condição de universalidade, ou seja, à ideia de que todo ser humano é um sujeito de direito, para sustentar a lógica do racismo e da supremacia branca, alguns humanos acabam lidos como menos humanos e, consequentemente, como menos merecedores de direitos. Isso não se dá de forma explícita; nenhuma pessoa não branca tem seu direito ao devido processo legal recusado de forma escancarada por um juiz que diz: "Você é negro, você não tem direito às garantias fundamentais". Mas, quando vemos operações policiais sendo conduzidas em favelas e periferias, onde a maioria da população é negra, tendo como principal resultado a morte de suspeitos de envolvimento com ações ilegais e a sociedade legitimando isso tudo, porque afinal se trata de bandidos, estamos perante um julgamento sumário, com pena de morte, tratamento destinado àqueles que são considerados como "menos humanos".

Todas essas questões fazem com que pessoas brancas *realmente* acreditem que são melhores que pessoas negras. Elas podem não expressar isso diretamente, mas lá no fundo há uma vozinha que diz para a pessoa branca: "Você é merecedora. Você realmente é melhor. Você não tem culpa de ser melhor, de merecer o melhor emprego e o melhor salário, isso acontece porque você é realmente boa". A supremacia branca confere legitimidade hereditária às pessoas brancas. Uma legitimidade que é quase inquestionável. Não é incomum você ver pessoas brancas dizendo que merecem estar no lugar onde estão porque os pais delas se esforçaram e porque os pais dos pais delas se esforçaram antes delas, e agora elas têm o direito de gozar de todos os privilégios sociais que obtiveram. E isso não é mentira: é justo que as gerações das famílias melhorem suas condições de vida e que os filhos tenham uma situação social mais confortável que os pais. O que não é justo é que a possibilidade de isso ocorrer esteja tão atrelada a desigualdades raciais. O que não é justo é que as oportunidades de ascensão social estejam todas organizadas debaixo do braço do branco. Eu vejo assim: o branco é o dono da bola. E como a bola é dele, ele define quem pode e quem não pode jogar. Porém, diferentemente do que se espera, que é anunciar que a bola é dele e é ele quem define as regras do jogo, bem como quem dele participa, a branquitude faz isso tudo em silêncio, um silêncio mesquinho que lhes exime de assumir a própria responsabilidade e as responsabilidades de seus antepassados na manutenção da violência racial.

Cida Bento, uma das intelectuais mais incríveis que conheço, explica isso de forma muito mais refinada do que eu expliquei aqui a partir de um conceito chamado *pacto narcísico da branquitude*. As formas de dominação que mobilizam esse pacto são raciais, uma vez que motivadas pela herança escravocrata. O impacto dessa herança, contudo, não se dá só para pessoas negras, conforme Cida nos alerta. É muito comum que, quando discorremos sobre escravidão, a narrativa se dê a partir de todas as mazelas que foram produzidas para a população negra, mas é raro que tematizemos a herança benéfica para as gerações brancas futuras. Esse legado vai sendo transmitido, independentemente do sistema. Não existe mais escravização, mas as práticas de proteção dos brancos entre eles mesmos seguem a todo vapor. Além, obviamente, da transmissão de riquezas entre eles mesmos.

Esse compromisso silencioso de não denunciar o coleguinha branco racista, de não se indignar com o seu comportamento, de efetivamente proteger o outro branco quando ele comete uma ação inadequada, comprova que as pessoas brancas se protegem o tempo todo. Mesmo quando não existe nenhuma ameaça, lá estão elas se protegendo. Para se proteger, elas precisam criar uma espécie de "clubinho", que, como Cida Bento também nos explica, não é exatamente concreto. (Embora muitas vezes seja: experimente ir a um barzinho na Vila Madalena, em São Paulo, ou a uma festinha no Moinhos de Vento, em Porto Alegre, ou ainda a um *clube* de verdade em Porto Alegre. É uma concentração de gente branca que deixa bem evidente que efetivamente se forma uma seita de proteção racial não verbalizada, mas bastante explícita, que tem a função de manter a transmissão de privilégios entre os brancos.)

Apesar de algumas pessoas brancas reconhecerem que parte significativa do seu sucesso, da trajetória de carreira bem-sucedida, está relacionada ao fato de viver em um país absolutamente racista e ser uma pessoa branca, a maioria já se fecha ao debate antes mesmo que a conversa possa começar. E isso também demonstra o quanto essas pessoas estão cientes dos efeitos do pacto narcísico da branquitude em seus sucessos pessoais. Uma vez ouvi de um chefe de equipe o seguinte questionamento: "Você espera que eu ceda meu emprego para uma pessoa negra?". Ao que eu respondi: "Óbvio que não. O que eu espero é que você, ocupando o cargo que ocupa, não siga perpetuando uma lógica de contratação que privilegie apenas pessoas brancas, uma lógica que garanta que o próximo líder seja um homem tão branco quanto você, independentemente dos resultados obtidos por pessoas negras". Se você é uma pessoa branca que minimamente se compromete com a pauta antirracista, o mínimo a fazer é se responsabilizar e se engajar contra o racismo que os seus próprios pares, os outros brancos, produzem.

A propósito, os resultados são ferramentas que ocultam dinâmicas do mercado de trabalho. Muitas vezes os números não levam em consideração o ambiente absolutamente tóxico, marcado por diversas microagressões, onde, ainda assim, colaboradores negros de grandes empresas entregam resultados completamente satisfatórios. Quanto custa para a saúde mental dessas pessoas produzir esses resultados? Quanta angústia e ansiedade gerada? Qual foi o valor que essas pessoas despenderam em medicação e atendimento médico para suportar as violências do escritório tão, tão branco que se propõe diverso, mas que segue chefiado pelos mesmos de sempre? Quem é que dá conta dos traumas gerados pelo racismo no ambiente de trabalho, mesmo aqueles que aparecem na sua forma mais sutil?

E, veja bem, estou falando do racismo que aparece em forma de microagressão nas grandes empresas, que têm discurso de diversidade e inclusão e um ou outro colaborador negro para não serem acusadas de manter as estruturas escravocratas. Mas, se formos olhar para outros espaços de trabalho, não há chance sequer de se colocar um nome bonito na violência racial, porque ela é qualquer coisa, menos sutil. Ela esmaga as pessoas, literalmente bloqueia qualquer possibilidade de exercício de trabalho sadio, a ponto de, em determinado momento, apenas repetirmos as tarefas e torcemos para que o turno de trabalho acabe. E, bem, mesmo quando a gente — gente preta — não está ocupando esse trabalho que os brancos fazem questão de desvalorizar, porque assim podem manter a dinâmica que historicamente organiza as estruturas sociais brasileiras, ela continua precisando lidar com os impactos do racismo. Ascensão profissional não significa que nos livramos do problema do racismo; aliás, a ascensão profissional leva o problema do racismo para um outro patamar: promove-se o negro a um alto posto, e, junto a isso, vêm novas formas de lembrar ao negro que, não importa que posição ele alcance, ele continua sendo preto e, portanto, continua sendo alvo de toda sorte de traumas raciais.

Se, para pessoas negras, a condição racial funciona como um impeditivo, para pessoas brancas ela representa um privilégio e muitas vezes uma compensação. Isso foi explicado já há muitos anos por um intelectual negro chamado W.E.B. Du Bois, um dos principais pensadores da história. Du Bois foi o primeiro negro a obter um título de PhD pela Universidade de Harvard. Ele era um acadêmico estadunidense que desconfiava da ideia de integração racial e defendia que os negros estadunidenses tinham que abraçar sua herança africana, isso em 1897. Ideias que ainda repercutem no século XXI foram articuladas por Du Bois mais de um século antes.

Du Bois explicava essa dinâmica compensatória da branquitude observando o mercado de trabalho. Ele afirmava que, naquela época, mesmo quando o trabalhador branco recebia um salário baixo, ele não era impedido de acessar direitos básicos de cidadania: transporte, saúde, educação, segurança, direito ao voto. Olhando para a nossa realidade de hoje, em tese, brancos e não brancos são considerados cidadãos, mas na prática parece que apenas o direito ao voto mudou. Assim, já é mais do que passada a hora de vocês, brancos, repensarem um pouco mais o sistema de descredibilização e compensação que o racismo impõe às pessoas negras, não é mesmo?

Eu trabalho com consultorias sobre raça, gênero e diversidade. Com alguma frequência atendo grandes empresas que buscam promover ambientes de trabalho que não sejam altamente prejudiciais para pessoas negras. Mesmo que as empresas tenham a boa intenção de não reproduzir práticas racistas, essas práticas seguem presentes. Por mais que, publicamente, empresas (e empresas são feitas por pessoas) organizem ações antirracistas e façam belíssimas propagandas sobre o quanto apostam na diversidade racial, as ações particulares, que acontecem no espaço privado do cotidiano do trabalho da empresa, são cheias de racismo. É que, nesse momento, em termos globais, ser publicamente antirracista gera uma boa reputação. O racismo é repudiado, então uma empresa que esteja envolvida em um caso de racismo terá que lidar com a repercussão pública disso. É uma dor de cabeça indesejável.

A forma como o racismo aparece nas relações de trabalho em grandes empresas raramente é percebida como violência. As pessoas entendem apenas a dimensão física da violência ou os extremos da violência simbólica racista. As práticas mais sutis, mas ainda assim altamente perniciosas, como elogiar o cabelo de uma mulher negra ao mesmo tempo em que se diz que nunca teria coragem de usar o mesmo penteado, ou pedir que a pessoa execute tarefas simples que não são função dela, como pegar um cafezinho ou ir ali rapidinho levar um documento no outro setor, ficam ocultadas por um manto de silêncio e passividade. E o pior: quando as pessoas negras ousam falar disso nos seus próprios termos, as pessoas brancas assumem uma postura defensiva. Mostram-se incomodadas e se negam a uma escuta ativa. É bastante comum que pessoas brancas se sintam desconfortáveis quando pessoas negras falam sobre suas próprias experiências, porque, quando fazemos isso, estamos rompendo com esse interdito histórico que nos proíbe de usar nossa própria voz.

Toda pessoa negra que ocupa um cargo de liderança já teve sua liderança questionada. E, possivelmente, para ocupar esse cargo, teve que negociar muito com sentimentos conflitantes que se manifestavam em ansiedade, dor de barriga, maxilares travados e lágrimas impiedosas correndo no rosto no caminho de volta para casa, por causa de questionamentos sobre seu mérito. Toda pessoa negra já passou por uma situação de microagressão que colocava em xeque sua credibilidade, que significa vantagens sociais. A ausência de *crédito social* para pessoas negras faz com que elas sejam constantemente violentadas, com que tenham seus direitos violados de múltiplas formas, formas que não preciso citar com detalhes aqui, porque são bastante constantes. Todo mundo conhece histórias de pessoas negras que ficaram presas sem terem cometido crime algum, de pessoas negras que perderam seus empregos sem nenhuma razão lógica, de pessoas negras que foram deixadas morrer enquanto pessoas brancas assistiam, do alto de seus privilégios, a inúmeras injustiças sociais acontecendo. Injustiças sociais que se

É BASTANTE COMUM QUE PESSOAS BRANCAS SE SINTAM DESCONFORTÁVEIS QUANDO PESSOAS NEGRAS FALAM SOBRE SUAS PRÓPRIAS EXPERIÊNCIAS, PORQUE, QUANDO FAZEMOS ISSO, ESTAMOS ROMPENDO COM ESSE INTERDITO HISTÓRICO QUE NOS PROÍBE DE USAR NOSSA PRÓPRIA VOZ.

mantiveram no decorrer do tempo. O mérito e a credibilidade de pessoas brancas raramente são questionados em voz alta, e quando são não é em virtude da cor da pele, mas do gênero ou da orientação sexual. Mas por que não acreditamos na credibilidade de pessoas negras? Por que a questionamos? Por que olhamos com desconfiança para a pessoa negra que é líder de equipe? O trabalho é um espaço em que as hierarquias raciais aparecem de forma muito concreta. E não importa qual cargo a pessoa negra ocupe, ela continua sendo uma pessoa negra. Como nos ensinou Frantz Fanon: um negro é um negro em qualquer lugar.[9]

Pessoas brancas desconfiam do negro explícita ou implicitamente. Desconfiam do corpo do negro, da fala do negro, do movimento do negro. Essa desconfiança se dá, como já vimos aqui, porque o racismo articula dinâmicas discursivas e imagéticas que nos levam a não acreditar no potencial de pessoas negras. Não acreditamos porque, historicamente, as posições de prestígio no mercado de trabalho foram destinadas a pessoas brancas como se fossem natas. O médico é branco. O empresário é branco. O engenheiro é branco. Os acadêmicos são brancos. Formadores de opinião? Também são brancos. A falácia da meritocracia tem um papel fundamental nessa dinâmica, e os pactos silenciosos de manutenção da supremacia branca também. Uma das formas mais presentes dessa preservação está na ideia de que as empresas contratam pensando na produtividade e no desempenho dos contratados. Mas, ora, se isso é verdade, por que

---

[9] FANON, Frantz. *Pele negra, máscaras brancas*. São Paulo: Ubu, 2020.

pessoas negras altamente qualificadas ocupam postos de trabalho incompatíveis com sua qualificação? Por que mulheres negras com diplomas de pós-graduação trabalham em posições precárias e pessoas brancas com qualificação inferior estão em altas posições?

Os dados sobre o mercado de trabalho não deixam dúvidas a respeito do que afirmo aqui. Em 2022, o Núcleo de Pesquisa Afro do Centro Brasileiro de Análise e Planejamento (Cebrap) e o Instituto de Referência Negra Peregum publicaram o estudo "Jovens negros e o mercado de trabalho" a partir de dados da Pnad Contínua (Pesquisa Nacional por Amostra de Domicílios Contínua) de 2019, do Censo de 2010 e da Pnad-Covid de novembro de 2020, em conjunto com entrevistas com jovens negros. O estudo destaca que há uma segregação ocupacional no mercado de trabalho que faz com que homens brancos, homens negros, mulheres brancas e mulheres negras ocupem nichos específicos: 60% dos empregadores são brancos. Nos cargos de gerência das empresas, apenas 6,3% são negros e negras. Persistem, ainda, as diferenças salariais por raça e gênero, mesmo que as pessoas tenham a mesma escolarização e ocupação. Homens brancos profissionais e proprietários de empresas recebem, em média, R$ 8.458,00, enquanto mulheres negras na mesma situação recebem 54% menos, ou seja, R$ 3.966,00.[10]

Tenho muitos amigos e amigas negras ocupando postos que pagam bons salários, parte significativa deles gra-

---

[10] AFRO-CEBRAP; PEREGUM. *Jovens negros e o mercado de trabalho*. Disponível em: <https://documents1.worldbank.org/curated/en/099334110272271427/pdf/IDU01ca2c3010013504d600ac-0304fe0ba23172e.pdf>. Acesso em: 16 jan. 2023.

ças às muitas lutas do movimento social negro que foram desdobradas em políticas públicas de acesso à educação e inserção no mercado formal de trabalho. Todos os meus amigos e amigas negras têm alguma história de violência racial no trabalho para contar. Eles têm angústias, cansaço, vozes embargadas e exaustas de saber que não importa a forma como escolham atuar, o tom de voz que utilizem para dar *feedbacks* ou reivindicar direitos, a roupa ou o cabelo que usem, não importa se são mais claros ou mais escuros, todos eles serão atravessados pelas múltiplas dinâmicas das microagressões no ambiente de trabalho.

Também tenho alguns amigos brancos, e a maioria deles reage com incredulidade quando recebe relatos a respeito das microagressões que ocorrem no ambiente de trabalho. Muitos dos meus amigos brancos são do tipo que acredita fervorosamente que jamais será racista, inclusive porque são meus amigos. Mas lembre-se de que nenhuma pessoa branca que viva em uma sociedade guiada pela manutenção da supremacia branca está isenta de comportamentos racistas. Demorei muito tempo para compreender por que meus amigos brancos sempre apresentavam esse ar de surpresa quando recebiam algum relato sobre como mulheres negras são tratadas em seus empregos como agressivas ou intratáveis. E, depois de muito observar meus amigos brancos reagirem com afetada surpresa às conversas sobre o racismo na concretude, me dei conta de que essa surpresa era uma forma de dizer que eles desconheciam essas situações porque *eles* não as praticavam. Se eles não demonstrassem essa surpresa e admitissem que esses relatos faziam parte do cotidiano dos escritórios, teriam também que admitir que, nos espaços de trabalho de que faziam parte, essas atitudes racistas eram frequentes e eles não se importavam. Não era problema deles. Para que se meter, não é mesmo?

Além disso, a maior circulação de escritos de pessoas negras sobre raça e racismo também sofisticou as formas de silenciamento que enfrentamos no mercado de trabalho. Agora se manifesta uma perversão racial ainda mais complexa quando pessoas brancas defendem seu ego a partir de chaves analíticas desenvolvidas por mulheres negras, como é o caso dos conceitos de *lugar de fala* e *interseccionalidade*. Pessoas brancas podem dizer que não se sentem confortáveis em falar sobre racismo porque não é "seu lugar de fala", então não podem fazer nada. Mulheres brancas e homens gays brancos podem reagir a uma acusação de racismo feita por um homem negro com o manto da interseccionalidade; afinal, ser gay e ser mulher também é enfrentar opressões, e essas pessoas acreditam que isso automaticamente as faz não racistas.

Eu experiencio situações de manipulação desses conceitos com alguma frequência. E sempre fico muito angustiada. Esvazia-se o sentido político e teórico dessas categorias, manipulando seus significados, para que a pessoa permaneça em situação de privilégio racial. Afinal, quando você afirma saber o que é e utiliza os conceitos de interseccionalidade ou lugar de fala é porque você já teve algum tipo de contato com eles. Acontece muito nas redes sociais. Houve um episódio em que fiz uma reflexão a respeito da forma como pessoas brancas precisam fazer comparações com o nazismo para se sensibilizar minimamente com o que significa a violência racial para pessoas negras. E não fui a primeira pessoa a falar sobre isso.

Não acho que todas as pessoas brancas que manipulam esses conceitos o façam conscientemente com a má intenção de esvaziar os sentidos de resistência epistêmica que eles apresentam, mas, ao tomar contato com eles e não aprofundar seus sentidos, utilizando-os apenas por convencionalidade, deixa-se muito explícito como a enunciação de um compromisso com a luta contra o racismo pode se manifestar meramente enquanto performance. Por exemplo, conforme fui conversando com esses amigos brancos sobre a evidência de seus comportamentos racistas, eles também foram tomando distância de mim. E tudo bem. Minha vida ficou mais fácil à medida que eles foram se afastando, porque eram menos brancos racistas para eu ensinar. Mas restou em mim uma preocupação: se meus amigos brancos não conseguiam lidar com as minhas assertivas sobre racismo, sendo que eu era uma pessoa por quem em tese eles tinham algum tipo de afeto, como reagiriam frente a pessoas negras que não fossem parte de suas relações pessoais?

Essa performance, no fim das contas, serve apenas para que a pessoa branca se autocongratule por ser decente, o que, vamos combinar, é o mínimo. Ser uma pessoa decente não deveria ser algo a ser celebrado, mas no geral acaba sendo, justamente em prol de um compromisso moral mesquinho, esvaziado de prática e meramente autocelebratório. Isso acontece porque se espera de pessoas negras um eterno comportamento de deferência e respeito aos brancos. Um comportamento acolhedor, paciente, passivo, servil, que inclusive acolha as necessidades e as lamúrias do branco. Esperam que estejamos eternamente dispostos a acalantar gente branca, como eternas Tias Nastácias que infinitamente agradam, sem jamais protestar.

"Tia Nastácia", essa figura criada por gente branca com o intuito evidente de ocultar nossas potencialidades. Uma historieta que serve apenas para ninar os sonhos da casa-grande de nos manter subordinadas para sempre. Acho que já está claro, mas reforço: a Nastácia de Lobato pouco me representa; é produto da eugenia e do racismo do autor. A relação de afetividade que a Tia Nastácia desenvolve com todos os personagens brancos do Sítio do Pica-Pau Amarelo é o paraíso racial idílico da branquitude brasileira. Tia Nastácia está ali para servir os brancos e, sempre que necessário, confrontar os negros. Tia Nastácia reconhece mais humanidade em uma boneca de pano e num sabugo de milho do que é capaz de reconhecer no Tio Barnabé, o outro preto humano dessa história. Uma vez que não é capaz de reconhecer a humanidade de Tio Barnabé, ela também não reconhece a própria humanidade.

A Nastácia de Lobato nada tem a ver comigo. Quem tem é a Anastácia. Eu me acolho e me vejo na Anastácia livre da mordaça, de olhar penetrante e insubmisso, que, mesmo antes tendo a boca calada pela violência da escravidão, fala através da máscara pelos seus olhos rebeldes. Uma Anastácia que deixa evidente que nós, negros e negras, não somos brutos e violentos. O sadismo e o terror são marcas hereditárias da meritocracia branca que oculta os privilégios recebidos e os danos causados.

Curiosamente, dessa herança, os brancos poucos falam.

# VOCÊ É LINDA, SIM

Meu olho foi treinado pela sociedade para ver beleza apenas em pessoas brancas. O seu também. O corpo de pessoas brancas é sinônimo da estética desejável e apreciada. O ideal de ser tem uma dimensão estética bastante centrada na beleza dos brancos, sobretudo na beleza de uma feminilidade branca idealizada que é o ápice da aspiração sexual e afetiva. Socialmente, ser bonito e desejável é ser branco. Uma invenção ocidental-europeia branca de muitas camadas que também articula diferenças raciais inventadas e alimentadas pelo pensamento binário e pela outrificação, assim como pela objetificação e pela animalização, que explicarei ainda neste capítulo e que têm a mesma intenção quando se trata de negar a beleza de pessoas negras: naturalizar, normalizar e normatizar violências e desigualdades.

O mito da beleza é uma forma de controle de corpos femininos que entende a beleza como qualidade essencial para seu funcionamento e que incentiva a busca pela aparência ideal, fundamentada numa padronização que se dá a partir de características brancas consideradas corretas e desejáveis. Logo, durante muitos anos pessoas negras foram tentando encontrar o que era possível mimetizar dessa estética branca, das características que eram consideradas belas. Contudo, graças aos esforços do movimento negro, especialmente de grupos culturais, a estética negra passou a ser mais valorizada, sobretudo internamente. Esse processo de valorização interna foi central para que eu pudesse ver as coisas de forma diferente, mas, até chegar a um ponto em que eu realmente conseguisse compreender, afirmar e reconhecer minha própria beleza, lidei com contradições infinitas.

Minha mãe teve o papel importante de me estimular a observar beleza em pessoas negras, especialmente em mulheres negras. Na década de 1990, quando as capas de revistas traziam quase nenhuma mulher negra, minha mãe dava um jeito de comprar revistas importadas que tivessem mulheres bastante pretas em fotos bonitas. Eu devia ter uns nove anos quando ela apareceu com uma revista embaixo do braço que tinha a modelo Alek Wek na capa. A revista era em inglês, eu não sabia inglês e minha mãe até hoje sabe muito pouco. Mas ela sabia que, em 1997, era absolutamente importante para uma garota negra, escura como eu, se ver numa capa de revista.

A busca da minha mãe para que eu tivesse referências estéticas mais próximas de quem eu sou, num momento do Brasil em que ainda não se vendiam bonecas negras de forma fácil nas lojas de brinquedos e em que mulheres negras não apareciam na televisão, não se resumiu às revistas norte-americanas. Ela também teve o cuidado de religiosamente nos levar a um salão de beleza conduzido por uma mulher negra, a Carmen Marilú dos Santos, ou Carminha. Carminha era e ainda é proprietária do Trançarte, um salão de beleza pioneiro em estética afrocentrada em Porto Alegre. Na década de 1990, poucas pessoas falavam em estética afrocentrada no Brasil, muito menos em Porto Alegre, mas as coisas eram feitas a partir da afirmação da beleza negra, que, no fim das contas, era a mesma coisa. Uma beleza negra construída por mulheres negras que ali se encontravam não apenas para renovar sua autoestima, mas também para pensar política, organizar resistência, acolher dores íntimas. Muita coisa acontecia no salão da Carminha quando eu era criança. Algumas eu entendia, outras, não. A única certeza que eu tinha era que, de dois em dois meses, eu seria levada lá para fazer o cabelo. Era um dia longo, no qual pegávamos dois ônibus, lá almoçávamos e, na companhia da minha avó, escolhíamos os penteados e as coloridas miçangas que iriam decorar as pontas das nossas tranças. Carminha fazia questão de tirar foto de todos os penteados que finalizava, e na ida seguinte já chegávamos procurando nossas fotos nos álbuns que ela construía para usar como referência para as clientes de todas as idades que recebia.

Além disso, a Carminha, assim como minha mãe, importava revistas de beleza negra de outros lugares para que pudéssemos ter outros modelos. O Trançarte, portanto, tinha um arquivo muito interessante de pessoas negras muito diferentes, de lugares muito diferentes, que eu adorava olhar. Tudo no salão da Carminha remetia às africanidades e à negritude. Eu procurava a mim mesma nas referências da Carminha, porque ali eu via muitas mulheres e meninas como eu: negras. O Trançarte é um lugar caloroso e acolhedor para essas pessoas que experimentam uma sociedade racista e tóxica. Uma cápsula de segurança e afeto por onde passaram muitas das mulheres que, como comentei, me ensinaram o que é resistência, entre elas a própria Carminha.

Minha mãe deu esse passo importante de me levar a um espaço onde minha beleza seria celebrada, apreciada, cuidada com carinho para que eu pudesse reconhecer beleza em mim. Mas as proteções que nossas mães nos conferem às vezes são mitigadas pelas violências que vão aumentando de tamanho conforme vamos crescendo. E, apesar dos esforços da minha mãe, a adolescência e o aumento das pressões estéticas e dos discursos racistas proferidos sobre minha aparência acabaram fazendo com que em algum momento eu não quisesse mais me ver. Nem nas revistas internacionais da Carminha, porque elas não eram suficientes para que eu fosse entendida como uma menina bonita na escola, nem nos penteados e nas tranças, porque eu fui adolescente em uma época na qual as longas tranças com extensões de cabelo eram motivo de muita chacota, nem nas fotos bonitas de quando eu era criança e gostava de posar para os álbuns do salão da Carminha. Eu passei a me recusar tão fortemente a me ver que acabei deixando de frequentar o salão da Carminha e implorando à minha mãe para usar produtos químicos que deixassem meu cabelo mais próximo do cabelo das minhas colegas brancas: liso.

Tentativas inúmeras de alisar um cabelo bastante crespo acabaram fazendo com que ele caísse, quebrasse, se perdesse. O cheiro dos produtos me incomodava, fazia meus olhos coçarem, os produtos queimavam meu couro cabeludo, mas, sempre que me perguntavam se eu estava sentindo alguma dor, eu respondia sonoramente que não. O alisamento não durava muito: logo se transformava em algo que não era nada saudável no que dizia respeito tanto ao aspecto físico dos fios quanto ao que era dito sobre o cabelo, agora alisado, na escola. Ele não ficava liso e escorrido, como as fotos nas caixas dos alisantes. Ficava quebradiço, poroso, áspero e caia aos montes a cada vez que eu passava uma escova ou lavava. Eu não sabia na época, mas não existia nenhum cabelo que fosse resolver meu problema de aceitação e minha expectativa de ser considerada bonita de alguma forma enquanto era adolescente. Porque o problema não estava no meu cabelo, no tom da minha pele ou na forma do meu corpo: o problema estava na forma com que o racismo se apresentava, e se apresenta ainda hoje, para uma menina negra. Nessa maneira de se apropriar do gênero para dar ainda mais sentido às dores que o racismo traz para a construção da subjetividade de pessoas negras.

A violência do racismo na minha adolescência fez com que eu perdesse a capacidade de me achar bonita. Era algo bastante interno, bastante construído com relação a mim mesma, porque felizmente a capacidade de encontrar beleza em outras pessoas negras mantinha-se intacta. Eu achava minhas primas mais velhas belíssimas, com seus longos e volumosos cabelos crespos que emolduravam seus sorrisos brancos e risos sonoros. Achava minhas tias impressionantemente belas, e não era nada difícil considerar os meninos negros bonitos e interessantes. Eu só tinha uma dificuldade tremenda de reconhecer em mim mesma o que eu achava bonito nas outras pessoas negras ao meu redor. Em mim, nada do que eu via nos outros era bonito.

Os meninos com quem me relacionei na época deixavam bastante explícito que eu não era desejável nem bonita. O que eles diziam sobre mim acabou, durante muito tempo, importando mais do que o que eu efetivamente via e pensava sobre mim mesma. As repetidas agressões verbais sofridas durante a adolescência, em maior e menor grau, tornaram monstruoso, sujo e pouco interessante o que eu via no espelho. Como se não bastasse isso, minha forma de falar, de sorrir, de me expressar sempre foi vista com certa abjeção pelas pessoas brancas. Motivo para correção. Cansei de ouvir que eu falava alto demais, que era espaçosa demais, que minha forma de demonstrar afeto era bruta e inadequada. Cansei de ouvir chamarem minha atenção para quão grande e desajeitada eu era, de ouvir que nada se mantinha no lugar quando eu passava porque eu caminhava de forma pesada e sem delicadeza. As coisas que eu ouvia sobre mim no geral eram tidas como defeitos que precisavam ser ocultados. O tamanho dos meus seios precisava ser escondido, a largura dos meus quadris precisava ser disfarçada, o volume dos meus lábios não era adequado para colorir com batons.

As marcas de feminilidade, o uso de maquiagem, salto alto, saias e vestidos, também não me eram possibilitadas, porque eu não desempenhava bem a leveza e a sutileza das princesas e modelos loiras e magras a partir das quais se configuravam as exigências estéticas para uma menina de dezesseis anos no início dos anos 2000. Apesar de já me deparar com Beyoncé e tantas outras, elas eram belezas possíveis em outro lugar. Eu inclusive achava que, se morasse nos Estados Unidos, talvez pudesse ter um namorado, mas ainda assim desconfiava, porque, apesar de ter sido uma adolescente magra, como vivi toda a minha adolescência na classe média gaúcha, rodeada de pessoas brancas, nem mesmo essas padronizações estéticas que são conferidas entre pessoas negras me eram possibilitadas. Além disso, a profunda violência racial fez com que eu desenvolvesse um olhar distorcido a respeito do meu corpo. O que eu enxergava no espelho era desprezível e marcado pelas atrocidades que me diziam.

Conforme fui crescendo, o impacto dessas agressões foi se tornando menos nocivo. O tempo, os aprendizados e as leituras fizeram com que, muitos anos depois, eu entendesse que não precisava que minha beleza fosse legitimada por pessoas brancas e pelas marcas da feminilidade branca. A teoria estava na ponta da língua e afiada em todos os discursos; porém, por mais que tivesse tantos livros, tantas horas de leitura, tantas explicações aprendidas, a prática ainda era um desafio. Eu ainda levava muitas horas em frente ao espelho procurando uma forma de enxergar em mim a beleza que eu enxergava nas outras mulheres negras.

O processo de autovalorização da minha imagem tem uma história e uma trajetória extensas e cheias de idas e vindas. Para ser honesta, uma trajetória ainda em curso. Só encontrei um caminho no exercício radical do amor e na expressão não contida do desejo. E parte desse ir e vir tem a ver com a minha sexualidade. Só consegui entender que eu era bonita e que podia me considerar bonita quando passei a me interessar afetivo-sexualmente por outras mulheres negras. Quando comecei a amar mulheres negras para além dos laços fraternos, colocando nesse amor o desejo. Amar, sonhar, querer estar nos braços, no cheiro, no *afeto-afago* de outra mulher negra foi uma virada de chave para que eu pudesse valorizar a minha própria estética, a minha própria beleza, o meu próprio corpo. A descoberta da minha bissexualidade fez com que eu finalmente entendesse que eu também era bonita e desejável e que merecia receber afeto, mobilizado em beijos quentes e longos, em vontades ardentes, em afagos e carícias. Obviamente, isso também implicou romper com o roteiro esperado. Eu passei a ser uma mulher negra que não só tinha amigas negras como também sentia atração afetiva e sexual por mulheres negras, porque nelas via beleza, coragem, sensualidade, inteligência, doçura, acolhimento... enfim, dengo.

Foi quando passei a me interessar profundamente por tudo que meu olho via em outra mulher que consegui acolher o que eu achava interessante em mim. Parece um exercício narcísico, mas, para quem foi negada a si mesma por uma sociedade tão arraigada em uma supremacia estética branca e europeia, isso tem outros contornos. Diferentemente do que eu acreditava até então, havia beleza em mim, aos montes, em vários lugares, sobretudo naqueles que, durante tanto tempo, eu ouvira que eram feios, desajeitados, indesejados. Se eu conseguia sentir meu coração esquentar com a gargalhada alta de uma mulher negra, certamente outra pessoa poderia sentir o mesmo com a minha forma de rir. Se eu tinha vontade de mordiscar devagar a ponta do nariz largo de uma mulher negra até ela ter vontade de fechar os olhos e sentir o calor da minha boca indo em direção à dela, certamente outra pessoa poderia querer o mesmo de mim. Se essas bocas, de tantos formatos, de tantos jeitos, diziam coisas tão interessantes que me faziam querer perder madrugadas infinitas ouvindo o que tinham a dizer, isso possivelmente significava que da minha boca também saíam coisas interessantes que valiam ser ouvidas e apreciadas madrugadas afora.

Por isso eu digo que a boca das mulheres negras passou a ser para mim o que de mais bonito existe. Especialmente porque dela brotam palavras, frases, formulações que desafiam o *status quo*. Essas bocas que tanto me encantam também são o que temem aqueles que ocupam o poder. A boca das mulheres negras é um dos maiores temores da sociedade. A boca é uma ferramenta de múltiplos usos, que pode ser expressão de rebeldia e de ternura. A boca das mulheres negras lhes permite falar em próprio nome; na boca das mulheres negras há belezas para além do óbvio. Essas bocas que falam, beijam, cantam, provam sabores e sussurram feitiços, essas belas bocas que riem e tremem de prazer quando são devidamente amadas. Aprendi a ver profunda beleza na boca das mulheres negras e consequentemente aprendi a ver beleza em mim. A boca das mulheres negras me permitiu acreditar naquilo em que você não acredita: a beleza das mulheres negras.

Há motivos e razões para você não acreditar. Os motivos e as razões partem da branquitude. Os motivos e as razões vêm dos construtos de feminilidade que são hegemônicos e brancos. Destruir a subjetividade de pessoas negras perpassa por destruir toda a possibilidade de pessoas negras se verem como representantes do que é bom, do que é belo, do que é valoroso. Como mencionei no capítulo anterior, para o branco, ser representante do que é bom, belo e valoroso é um reforço moral. Para que as mulheres brancas possam representar o que é belo, é necessário, de todas as formas, anular outras representações de beleza. E a outra forma de beleza primordial nesse jogo dual é a não branca, sobretudo de mulheres pretas como eu, pretas demais para serem consideradas bonitas.

A objetificação dos corpos e dos comportamentos de mulheres negras cumpre o papel ideológico de justificar a desumanização delas, de torná-las o outro da sociedade. Uma vez que sejam tratadas como objetos, é mais fácil manipular, controlar e explorar essas mulheres. A objetificação de pessoas negras em geral, e das mulheres negras em específico, corrobora as práticas opressivas que sustentam os sistemas de dominação através das múltiplas formas de opressão. O feminismo negro constantemente aponta como a objetificação é central para a manutenção do poder. A partir do momento em que uma população é tomada socialmente como objeto, sua identidade, sua história, sua narrativa ficam presas à forma como o grupo dominante a caracteriza. Quando estudei o pensamento de Patricia Hill Collins e foquei meus esforços em compreender as imagens de controle, entendi o papel da objetificação na minha trajetória particular e na vida de mulheres negras de forma mais ampla. Entendi o quanto essas violências eram centrais para me impossibilitar de ser dona da minha própria narrativa sobre mim mesma em um mundo no qual eu não tinha como escapar de me relacionar com pessoas brancas nas mais variadas esferas da minha vida e no qual, por mais que fosse apta a resistir à objetificação imposta, eu ainda assim seria atacada pelos seus efeitos.

Os padrões de beleza são construídos a partir da objetificação das mulheres. De todas as mulheres. Acontece que, para as mulheres negras, esses padrões são absolutamente inalcançáveis, porque, por mais que você atenda a todos eles, existe um que é impossível de atender: a cor da pele. Você é negra e não existe nenhuma forma de se tornar branca. Você pode fazer todos os procedimentos estéticos possíveis e imagináveis, e a sua pele continuará negra. Ainda que mulheres brancas sejam objetificadas a partir da sua aparência, o fato de serem brancas lhes dá o privilégio de serem enaltecidas, pois sua branquidão será valorizada. Mulheres negras, por mais enquadradas nos padrões de beleza que estejam, ainda serão desvalorizadas por serem negras.

Foi lá nos primeiros anos da infância que minha geração foi desacreditada da própria beleza em concursos de verão entre meninas, a maioria branca, de seis, sete anos, nos quais meninas negras não chegavam nem perto de portar a faixa. Quando eu tinha essa idade, participei de um concurso desses. Lembro que minha mãe não queria que eu participasse: ela me advertiu que esse tipo de concurso não dava conta de valorar o que era beleza; mais ainda, não dava conta de valorar a *minha* beleza. Mas eu insisti, e sempre que eu insistia minha mãe cedia. Lá fui eu participar do concurso de Garota da Piscina do bairro. Hoje, quando olho as fotos daquele evento e vejo uma menina pretinha vestida num maiô rosa e amarelo cheio de babadinhos, de sorrisinho doce e suave, com as perninhas meio tortas tentando uma pose de final de passarela, me surpreendo com a beleza. A beleza cheia de ternura daquela menininha preta que eu fui e que foi tão exposta a discursos que negavam a sua beleza e ternura a ponto de se achar feia. Boneca de piche, negra carvão, tão preta que ninguém vê. As afirmações das outras crianças tinham uma pretensão da invisibilidade tão carregada que, em certo momento, realmente acabei escondida. Não das pessoas, mas de mim mesma.

A propósito, falando em esconder... Nas brincadeiras de esconde-esconde com os *aminimigos* brancos, eu ouvia: "Ri aí, Winnie, se não é injusto, você é tão preta que a gente nunca vai te achar". Lá nos meus anos de criança isso me feria profundamente e, para não chorar, porque — como já discutimos neste livro — chorar era proibido, eu queria bater. Meninos não choram, meninas choram, mas as meninas negras não podiam chorar porque afinal de contas a sociedade não as vê como meninas, elas são menos meninas que as meninas, na verdade são mais meninos que meninas e, portanto, passíveis de maiores violências. Mesmo que eu soubesse que era esperado que eu batesse, eu era uma criança que não sabia bater: era uma criança que gostava de abraçar. Sem poder abraçar, porque meus abraços eram indesejados ou considerados desajeitados; sem poder chorar, porque as lágrimas eram interditadas; sem poder bater, porque não sabia, a única coisa que restava era ficar escondida. A brincadeira de esconder deixou de ser brincadeira para ser estratégia de sobrevivência às hostilidades. Mas uma hora a gente cansa de se esconder, cansa das caixas, dos armários, cansa de cobrir aquilo que veem como defeito na gente. A negridão da minha beleza, que ora foi fardo, precisava ser benção. No amor de mulheres negras ela virou aparição. Algo que só foi possível pelas ideias e pelas práticas que partilhei com outras mulheres negras, pelo pensamento e pela ação política do feminismo negro, assim como pelo afeto construído entre mulheres negras. Tudo isso foi o que me empoderou. De dentro para fora.

Eu sorri muitas vezes para me encontrar. Às vezes chorando por dentro; outras vezes, chorando por fora também. Compreendi que me negavam a possibilidade

A NEGRIDÃO DA MINHA BELEZA, QUE ORA FOI FARDO, PRECISAVA SER BENÇÃO. NO AMOR DE MULHERES NEGRAS ELA VIROU APARIÇÃO.

de ser lida como bonita para que pudessem me violentar sem precisar machucar meu físico. Esse é um dos motivos pelos quais não aceito que me digam que o racismo é uma irracionalidade. É bastante racional, bastante cheio de razão branca, o fato de a supremacia estética ser articulada de forma a machucar pessoas pretas sem precisar, a todo momento, sujar as mãos de sangue. É absolutamente planejado e bem pensado que, inclusive, as ideias de empoderamento que mulheres negras construíram ao longo do tempo tenham sido cooptadas e modificadas pelo capitalismo para dar a impressão de que nosso empoderamento depende de determinado creme, de determinada maquiagem, de determinada forma de se vestir. Criar um padrão de beleza negro, substituindo a ausência por controle, também é uma forma de silenciamento, de invisibilidade e de manutenção das violências. Mesmo assim, na maioria das vezes, a sociedade segue colocando os atributos físicos de mulheres negras como sinônimo do que é feio e indesejável. O cabelo de mulheres negras continua sendo utilizado de maneira pejorativa, a textura e a cor da pele ainda são usadas para ridicularizar. Tudo isso para manter os padrões dominantes de beleza. É aquilo: Narciso acha feio tudo que não é espelho. Pessoas brancas são uma representação muito bem-feita de Narciso. Desconsiderar mulheres negras como belas é uma forma vil de naturalizar as ausências afetivas que experimentamos, especialmente em uma sociedade como a nossa, que supervaloriza a beleza estética. Nega-se o afeto ao mesmo tempo que se provoca o constrangimento de precisar aceitar relações violentas e tóxicas, porque, afinal de contas, uma vez que nem a mais bela das negras é bela mesmo, não merecemos nada de bom.

Mas o mais importante nessa história é a questão do outro. Muita gente melhor e mais gabaritada do que eu explicou a outrificação, assunto que eu trouxe brevemente em outro capítulo. Um monte de intelectuais negras, que talvez habitem sua estante, demonstrou como o racismo depende dessa coisa de fazer a negra ser a outra da sociedade. A *outra* da mulher branca, a *outra* do homem negro, a grande *outra* do homem branco. Essa intensa outrificação se vale desse lugar de afirmar mulheres negras como feias, como "não tão bonitas", como exóticas, como outra coisa que não belas.

Como comentei, as ideias de mulheres negras foram muito importantes para que eu entendesse a minha própria beleza. Em especial para que eu entendesse que as violências que passei na infância e na adolescência, os discursos de ódio que ouvi ainda tão nova, eram consequências da forma como a branquitude se vale do pensamento binário e da outrificação para criar padrões sociais em que eles são tudo e nós somos nada. Brancura, nariz fino, cabelos lisos, olhos claros, tudo isso é sinônimo de beleza branca. E, depois de acreditar na beleza de outras mulheres negras, precisei olhar para mim na intenção de acreditar que beleza poderia ser mais que isso e para acreditar na minha própria beleza. Demorou um bom tempo para que essa crença fosse mais que retórica, para que fosse real. Eu já trouxe aqui o relato sobre o período em que eu só conseguia ver beleza nas mulheres negras que eram mais claras, mais magras, mais finas, mais lisas que eu. Era meu jeito de afirmar que eu achava, sim, mulheres negras bonitas, mas aquelas que eram *parecidas-diferentes*. Eram negras, mas não como eu. Porque era só isso que podia explicar o fato de essas mulheres negras serem bonitas e eu jamais ser considerada a garota mais bonita da escola, da turma, da família. Sempre havia alguém que era muito bonita, e esse alguém nunca era eu.

Competições estragam as coisas. Ocultam nossa percepção e objetificam. Efetivamente, fazem de nós objetos enfileirados a serem avaliados com métricas que nem ao menos fomos nós que estabelecemos. Métricas que muitas vezes foram utilizadas para nos considerar como menos gente. Se o padrão social de beleza é branco e nós somos negras, obviamente nunca estaremos nesse lugar do que é visto como belo. No início deste capítulo, falamos sobre a construção de feminilidade, e a trago de novo para dizer também que ela é baseada em pressupostos que naturalizam a racialização do sexismo, ou seja, a dominação sexista funcionando em conjunto com o racismo. Explico: se não somos belas, somos menos femininas; se somos menos femininas, somos menos mulheres; se somos menos mulheres, somos menos seres humanos; se somos menos seres humanos, somos mais ameaças; se somos mais ameaças, mais bestas, mais inimigas, mais vilãs, somos mais justificadamente alvos de violência.

Uma vez que somos tratadas como animais, nossa subjetividade é desrespeitada e vilipendiada. Qualquer ação que tenhamos será compreendida a partir dessa marca. Aliás, o processo da animalização dos corpos de mulheres negras está diretamente relacionado à nossa sexualidade. Espera-se de mulheres negras um comportamento sexual não humano, retratado inclusive pela indústria pornográfica. Os corpos de mulheres negras são explorados de maneira extrativista e predatória: quer se tirar tudo deles, especialmente lucro. Afinal, é dessa forma que os animais são tratados em um sistema de exploração econômica como o capitalismo. São consumidos, explorados, trancafiados e exibidos como forma de entretenimento. Mulheres negras também.

A história comprova tudo que acabei de dizer. Talvez você não saiba, mas, no final do século XIX, era comum exibir mulheres negras nuas em gaiolas em locais que inclusive eram chamados de zoológicos. Uma dessas mulheres foi Sarah Baartman, que continuou tendo seu corpo exposto para o entretenimento dos brancos mesmo após sua morte. Ela morreu em 1815, mas seu enterro ocorreu apenas em 2002, quando enfim o governo francês aceitou a demanda feita por Nelson Mandela em 1994, época em que era presidente da África do Sul e exigiu que os restos mortais de Baartman repousassem em solo africano. Antes disso, o cérebro, a genitália e o esqueleto de Sarah haviam sido exibidos em um museu em Paris até 1974.[11]

Assim como Sarah Baartman, outras mulheres negras foram exibidas em feiras, festivais e leilões, sendo comparadas com macacos em escritos e relatos de antropólogos da época. Os lábios, os trejeitos, os comportamentos dessas mulheres eram sempre relacionados aos dos primatas. O fim dessa história nós conhecemos: até hoje pessoas negras são chamadas de macacos pelos racistas, especialmente quando estes estão insatisfeitos com o nosso comportamento. Collins nos alerta que a animaliza-

---

[11] PARKINSON, Justin. Sarah Baartman: a chocante história da africana que virou atração de circo. *BBC News Magazine*. Disponível em: <https://www.bbc.com/portuguese/noticias/2016/01/160110_mulher_circo_africa_lab>. Acesso em: 17 jan. 2023.

ção do negro é uma projeção da branquitude daquilo que os próprios brancos temem em si. Segundo ela, quando os brancos rotulam as pessoas negras como animais sexuais indomáveis, estão tentando reprimir essa dimensão do seu próprio caráter.

Quando entendi que a branquitude me vê no lugar do que é feio, monstro, bestial, entendi também a importância de centralizar a percepção de mim mesma naquilo em que acredito. Não para ser aceita pelos brancos ou para buscar uma validação a partir do que eles acreditam, mas para conseguir encontrar beleza naquilo que eu mesma considero belo. E entendi que, primeiro, eu precisava ver beleza em mim. Precisava, como bell hooks[12] me ensinou, dar nome a minha própria história.

Para ver beleza em mim, eu precisava assumir um lugar muito diferente do que eu vinha assumindo até então. Eu carecia de revisitas, revisões, refazeres, reolhares. Teria que me voltar para mim mesma e para todos os fragmentos que haviam restado dos traumas da infância e da adolescência, das negativas constantes de me considerar e me ver como alguém bonita. Precisei olhar no espelho e afirmar para mim mesma a cada dia que acordava: "Você é bonita! Não há nada errado em você". Só que os pedacinhos de mim, espalhados num rastro de trauma, insistiam em estilhaçar o espelho. Nesses estilhaços, eu continuava vendo muita feiura, mas aos poucos fui

---

[12] HOOKS, bell. *Erguer a voz*: pensar como feminista, pensar como negra. São Paulo: Elefante, 2019.

conseguindo me prender em uma ou outra coisa que eu realmente considerava bonita no meu corpo.

A primeira coisa que achei bonita em mim mesma, nesse refazer todo quebrado que vai buscando no fragmento a construção de um todo que nunca mais será igual, foram as minhas sobrancelhas. Eu me olhava no espelho e me fixava no desenho e no formato delas. Sempre que me perguntavam o que eu achava mais bonito em mim eu dizia: minhas sobrancelhas. Minhas sobrancelhas de fato são bonitas, sempre foram. Porém, são uma coisa muito diminuta num corpo de quase um metro e setenta e mais de noventa quilos. As próprias sobrancelhas se arqueavam quando eu as olhava e afirmava internamente que eram a parte mais bonita do meu corpo. Elas desafiavam aquela afirmação. Desafiaram tanto que um dia comecei a refletir que era muito problemático que eu considerasse apenas as minhas sobrancelhas bonitas num corpo tão cheio de atributos para olhar. O desafio da sobrancelha era bastante instigante, porque me chacoalhava para a realidade: eu não sabia muito sobre mim. A sobrancelha era uma marca muito pouco distinguível, e ela mesma me dizia que eu não me conhecia. De tanto ela arquear e me desafiar, entendi que essa afirmação se dava porque, de todas as coisas que se inscrevem no meu rosto, a única que não gritava "Você é negra!" era a sobrancelha.

A sobrancelha só estava ali. Emoldurando o rosto que dizia em todos os aspectos: "Querida, você é negríssima. E isso é incrível. Mas, para você acreditar que é incrível, a gente vai precisar trabalhar nessa cabecinha, e o trabalho não vai ser fácil". O que a minha sobrancelha fazia calada, no desafio, precisava ser gritado. Assim como gritou Victoria Santa Cruz, a braba, no seu poema "Me gritaram negra".[13]

Victoria Santa Cruz foi uma artista multifacetada, que dançava, escrevia e lecionava, além de ser uma grande ativista negra do Peru. O poema "Me gritaram negra" navegou o mundo e chegou até mim a partir de uma gravação de uma performance da própria Victoria, em que ela se apresenta de maneira muito potente e fala de autodefinição. Sobre quando nos gritam negras, sobre como isso machuca e como, quando nós mesmas afirmamos nossa negritude, nossos traços, nossa pele, nossos cabelos, essa dor não nos atinge mais de forma tão violenta. Quando gritamos "Eu sou negra!" sem recuar, recebemos de volta algo diferente do que recebemos quando nos gritam "Negra!" com escárnio, violência e deboche. Gritar negra para si mesma é uma espécie de libertação. Você olha para si e grita para si o que você é. Afirma o que você é. E deixa de acreditar naquilo que dizem que você deveria ser.

Continuo achando minhas sobrancelhas bonitas, mas hoje, quando me perguntam o que acho de mais bonito em mim mesma, a última coisa que respondo é a sobrancelha. Descobri que minhas pernas são muito bonitas, também gosto do meu sorriso de dentes separados por causa do diastema e tenho um caso de amor com os meus ombros largos. De tudo que eu acho bonito em mim, sou adoradora profunda da cor da minha pele, que é preta e retinta, toda igualzinha, a mesma cor em cada centímetro de pele, algo que minha mãe sempre valorizou e mencionou quando possível, mas que eu tive muita dificuldade

---

[13] CRUZ, Victoria Santa. "Gritaram-me negra". Disponível em: <https://youtu.be/DWbGqrGANDw>. Acesso 19 jan. 2023.

de entender que era belo. Depois de perceber tudo isso, entendi que a sobrancelha era a redução da minha própria beleza.

Com os ensinamentos de mulheres negras e com os afetos, consegui finalmente gritar "negra" para mim mesma com verdade. Passei então a um exercício constante de me mirar no espelho. Acordava, lavava o rosto e ficava por um tempo analisando cada detalhe do meu rosto de que eu não gostava. A primeira coisa de que me ensinei a gostar foi a minha testa. Ignorava minhas sobrancelhas e ficava olhando fixamente para a testa que havia aprendido a odiar e esconder desde quando eu era criança quando todos os penteados que eu fazia tinham o objetivo de escondê-la. Eu nunca prendia minhas tranças em coques altos ou em rabos de cavalo, porque minha testa ficaria aparente. Não havia absolutamente nada físico na minha testa que me causasse desconforto, mas fui tão frequentemente constrangida em razão do tamanho dela, isso sem contar quando era agredida, em uma brincadeira na família que consistia justamente em dar tapas nela, que em algum momento atribuí a minha testa um problema que sequer existia. Puxava meus cabelos para a frente tanto quanto possível, a ponto de fragilizar a raiz e comprometer os fios. Depois entendi que isso era resultado do auto-ódio, uma outra ferramenta nefasta do racismo.

A minha testa, por alguma razão, gritava "negra". E gritava muito alto. Eu atribuí esse significado de negridão a minha testa por alguma razão que não entendia. Na minha cabeça, pessoas negras tinham grandes testas, testas proeminentes. Mas isso nem sequer tinha sentido: ao observar as testas de outras pessoas negras, percebi que, assim como as pessoas negras são muitas, muitas são as formas de suas testas. A minha tem uma forma maior, mas isso não significava que todos os negros teriam testas como a minha. Quando entendi essa parte, entendi também que odiar a minha própria testa era um jeito bastante efetivo de me odiar e de reproduzir internamente violências das quais eu me desviava. Eu era muito séria e estava sempre "de cara fechada", o que impedia que meus colegas fizessem piadinhas e brincadeiras racistas (pelo menos na minha frente). Isso, na verdade, era uma de minhas múltiplas estratégias para não ser violentada racialmente de forma direta por pessoas brancas, enquanto, por outro lado, eu mesma internalizava e me violentava com opiniões sobre meu corpo. Cada uma delas era uma forma diferente de autoagressão.

De tanto esconder minha testa, quando precisei fixar meu olhar e detidamente passar bons minutos do dia a observando, descobri que o que me incomodava na minha testa era o olhar dos outros sobre ela. Então me dei conta de que ela precisava aparecer. Tinha o direito de ser vista, de tomar sol, de sair de trás daquelas grades que eu mesma tinha imposto a partir do olhar do outro.

Ainda assim, de vez em quando, tenho dúvidas a respeito da minha beleza. Dúvidas que resistem no meu âmago. Essas dúvidas são como a poeira que se acumula nos cantinhos dos móveis. Você quase nunca a vê, mas, se olhar o móvel com atenção, lá está ela. Essa poeirinha ficou porque pouquíssimas vezes me foi afirmada a beleza. Ficou porque ouvi muita coisa de mim mesma, de pessoas brancas e de pessoas negras. As coisas que ouvi de pessoas brancas e de mim mesma, como você já sabe, eram quase sempre ruins. Da minha gente eu ouvia reforços importantes, mas eles não estavam relacionados à beleza. Não porque não me achassem bonita, mas porque havia outras necessidades. Era importante que eu soubesse que era inteligente, esperta, assertiva. Era essencial que eu aprendesse a me defender, porque o mundo depois da soleira da porta de casa exigia que eu soubesse. Era menos necessário que eu me achasse bonita e acreditasse nisso. As urgências eram outras. As crenças que importavam eram outras. Acreditar-me bonita não era exatamente o mais indispensável para que eu pudesse sobreviver ao racismo.

Fui vivendo e crescendo com dúvida. Na minha casa não havia tempo para que eu fosse considerada bonita. Na rua ninguém achava; se alguém achava, não se importava em dizer. Mesmo quando comecei a ter efêmeros e frágeis romances, a palavra beleza não aparecia. Não vinha em cartinhas de admiradores, porque elas não existiam. As cartinhas que existiam eram as que eu, por ser eloquente, escrevia para os outros. Escrevi muitas cartas para meninas brancas dizendo o quanto elas eram bonitas. Cartas que eu gostaria que tivessem sido escritas para mim, mas que nunca foram. Nas cartas que eu escrevia a pedido dos meninos negros e brancos, meus *aminimigos*, eu exercitava a descrição da beleza que queria que fosse utilizada para descrever a mim mesma. Lembro de uma carta que dizia algo assim:

*Eu gosto do seu cabelo,*
*do jeito que ele balança quando você chega correndo*
*atrasada para a última aula.*

*Fico olhando o jeito como você segura a caneta quando escreve,*
*a delicadeza com que seus dedos envolvem a caneta me faz ter vontade de sentir o toque do seu dedo enlaçado no meu.*
*Gosto da cor dos seus olhos e da profundidade com que você olha o mundo ao seu redor*
*Quando você sorri, sua boca se curva para o lado e faz um desenho bonito.*
*Eu gosto do seu sorriso e da sua boca,*
*e acho que isso significa que eu gosto de você e do quanto você é bonita.*

É uma carta boba, infantil e ridícula, como são todas as cartas de amor, coisa que aprendi nas minhas leituras de Fernando Pessoa, também lá na inocência da minha adolescência. Mas é uma carta que escrevi para uma menina branca querendo que fosse para mim. No fim das contas, foi uma carta de amor que eu escrevi para mim mesma.

Além dessa, eu escrevi inúmeras cartas falando da beleza de outras mulheres de forma abstrata, porque isso me permitia falar para mim mesma de uma beleza que eu queria que fosse acreditada. Uma beleza que eu queria que fosse reconhecida. Uma beleza que eu queria que valesse como valiam as belezas das mulheres brancas, que só eram óbvias porque todos os dias eu era inundada por avisos insistentes que impunham o que era beleza. Passamos tanto tempo ouvindo atrocidades sobre nós que, de alguma forma, nos convencemos de que realmente somos pessoas que merecem ser odiadas e sofrer. Para romper com essa lógica, precisamos de agência, de autonomia, de autodefinição, coisas que podem ser construídas individualmente, mas que são mais potentes quando constituídas em coletivo, transformando-se em empoderamento.

O salão de beleza da Carminha, os esforços contínuos de minha mãe, minhas horas de leitura, as relações afetivas que construí com mulheres negras, a descoberta da minha sexualidade e todas as coisas que relatei aqui fazem parte desse complexo individual-coletivo que me permitiu reconhecer beleza em mim. Uma beleza muito própria, que é construída cotidianamente. Abraçar a minha sexualidade me permitiu redefinir o olhar que eu tinha sobre a beleza e encontrar uma fonte de poder interno que me possibilitou expressar, amar e redefinir o que eu via em mim mesma. Individualmente, parei de me ferir, porque, se não tivesse feito isso, não poderia amar coletivamente. O amor-próprio, para mim, só foi possível de modo coletivo.

No coletivo eu descobri que não tinha razões para me odiar, que sou bonita e que minha beleza merece ser celebrada, acolhida, mencionada. Sem dor, por amor a mim mesma e por aquelas que são como eu.

# AGRESSIVO É O RACISMO

Você já deve ter percebido que me considero uma pessoa doce. Isso não veio do nada. Vem lá da minha infância: as memórias que tenho de mim mesma são de uma criança absolutamente doce, e essas memórias são corroboradas por todo mundo da minha família. Fui uma criança sempre disponível a partilhar ternura e afeto, gostava de abraçar as pessoas, de colo e de expressar amor. Minha compreensão de amor e ternura se construiu em bases sólidas de carinho com outras mulheres negras, nas brincadeiras com minhas primas, nos abraços que recebia das tias, no arroz com leite que minha avó preparava para me esperar chegar da escola em dias de muito frio. Ela se fez nos adesivos do Ursinho Pooh que minha mãe trazia para mim quando voltava de uma extenuante jornada de trabalho, porque eles tinham meu nome em letras coloridas e metalizadas. Em inglês, o Ursinho Pooh é "Winnie The Pooh", e minha mãe garimpava papelarias atrás de produtos em que o nome aparecesse: era a forma dela de dizer que meu nome e minha vida importavam.

Nas relações internas, construídas no seio familiar, eu me sentia acolhida e amada. Minhas perguntas importavam e sempre eram respondidas. Porém, conforme fui crescendo, toda vez que eu manifestava qualquer contrariedade frente a uma situação de violência, eu era considerada agressiva. Na escola isso era uma constante. Quando respondia a uma situação de agressão racial, sempre chamavam minha atenção para o "problema da raiva". Foram inúmeras as situações em que professoras, supervisoras e orientadoras pedagógicas — todas brancas, vale dizer — desencorajaram minha assertividade me aconselhando a não responder às violências que me eram impostas. Eu me lembro em detalhes de uma ocasião na qual uma colega de classe disse que a escravidão havia sido um mal necessário para o avanço da civilidade de pessoas negras. Eu devia ter uns treze anos quando isso aconteceu, estava na sétima série. Segundo ela, se os negros não tivessem sido escravizados, eles teriam para sempre continuado selvagens na África. Perguntei ao professor se ele realmente permitiria que tamanha idiotice fosse dita em sala de aula. O professor disse que eu tinha uma forma de questionar que era muito grosseira e, por isso, eu deveria me dirigir à orientação pedagógica. Levantei-me do meu lugar, saí da classe e bati a porta. Fui advertida por ter chamado a colega de idiota (o que ela de fato era) e por ter batido a porta com raiva. A coordenadora ainda disse: "Sua agressividade, Winnie, não vai te levar a lugar nenhum". A colega, por sua vez, não recebeu nenhuma advertência.

 Ouvi tantas vezes que eu tinha problemas de agressividade que no final da adolescência eu me convenci de que era realmente uma pessoa raivosa e agressiva. Aceitei a pecha, o defeito moral, da agressividade, porque tinha me cansado de tentar provar que não era aquilo. As pessoas diziam que eu era agressiva e eu automaticamente respondia: "Sou mesmo. Sou brabona!". Apesar de ter abraçado a alcunha de "brabona", eu sabia que ela não era verdadeira. Mas, mesmo sabendo que eu não era uma menina agressiva, a mentira sobre mim mesma foi repetida tantas vezes que virou uma verdade inquestionável. A única saída para me livrar do rótulo de agressiva era me manter em silêncio complacente diante do racismo. Era uma estratégia possível: eu presenciava outras jovens negras do meu entorno enfrentarem o racismo com o silêncio, inclusive em relação a mim. As poucas meninas negras que cruzaram comigo nos tempos escolares não eram minhas amigas próximas, porque eu era considerada exagerada e agressiva, uma aluna problema, e não era seguro se relacionar comigo. A proximidade poderia fazer com que elas também fossem consideradas assim e, portanto, para maior proteção, era melhor manter uma distância cuidadosa e silente. Porém, o silêncio não era uma opção para mim. Eu havia sido ensinada que, quando o racismo aparecesse na minha cara, sem máscaras, eu deveria erguer minha voz. Erguer minha voz, contudo, significava ser lida como a "negrinha raivosa". Aceitei.

Eu sabia, lá no fundo do meu coração, que havia uma razão muito específica para que minha reação às violências que me eram impostas fosse considerada agressividade. Essa consciência fez com que eu refletisse profundamente sobre o que era raiva e o que era agressividade. Com o tempo aprendi a identificar a raiva como um sentimento potente de resposta ao racismo. Entendi que minha raiva era justificada. A raiva que eu sentia e ainda sinto era resultado das injustiças sociais. Uma raiva racional, lógica e emancipadora que nada tem a ver com agressividade, mas que assim era tomada para que eu pudesse ser deslegitimada nas minhas reivindicações.

Entre não reivindicar e ser considerada agressiva, fiquei com a alcunha de intratável. Essa caracterização do meu comportamento, entretanto, me levou a uma exaustão gigantesca; o cansaço imenso de tentar explicar as mesmas coisas repetidas vezes ampliou minha raiva, e eu precisei buscar formas de compreendê-la, de não permitir que aquilo que as outras pessoas tinham a dizer sobre mim acabasse me soterrando.

Procurei nas leituras do pensamento de mulheres negras o que significava a agressividade que me era tão constantemente atribuída, e foi uma alegria descobrir a escrita de Audre Lorde, sobre quem já comentei por aqui. Ler Audre Lorde foi uma salvação para mim. Com entusiasmo e um dicionário de inglês-português nas mãos, num tempo em que as ferramentas de tradução eram menos eficazes na internet do que hoje, eu me deleitava com suas explicações sobre a raiva que eu sentia. Entendi que pessoas brancas mobilizavam a pecha de agressividade sobre mim para justificar a própria hostilidade sobre meu corpo, minha cor de pele, minha voz. Também entendi que, quando eu mesma era hostil ou desnecessária com outras mulheres negras, quando respondia com rispidez a um questionamento feito por uma mulher negra ou quando julgava o comportamento de alguma mulher negra que não fosse das minhas relações, eu alimentava a lógica branca de hostilidade racista. Entendi que eu não deveria mais me contentar em ser considerada agressiva e passei a construir outras respostas sobre a minha personalidade, respostas definidas por mim mesma a partir do que eu efetivamente sentia. Troquei "brabona" por assertiva. Tenho buscado de maneira insistente trocar a hostilidade por afetuosidade. O caminho simples da rejeição do estereótipo racista pela afirmação constante daquilo que eu mesma tenho a dizer sobre mim.

Ainda assim, seguia me perseguindo o mito da mulher negra agressiva. Nem mesmo nos espaços de militância ele me deixava em paz. Não importava se eu estava em uma posição de maior ou menor visibilidade, lá estava ele para me lembrar que, mesmo que eu não ocupasse lugares de poder, seria atravessada por essa característica atribuída a mim. Em situações como essa, a pecha da agressividade aparecia fantasiada no medo do outro. Nunca foi e continua não sendo incomum que pessoas me digam que têm medo de mim; pessoas que nunca conversaram comigo, que não convivem comigo, pessoas para quem, em tese, eu não represento nenhum tipo de ameaça abertamente, revelam que sentiram medo de mim e descobriram depois que eu não era brava ou intratável. Situações assim sempre me deixaram desconfortável e triste. Sempre me causou muita dor ser considerada assim, porque esses relatos expressavam o quanto eu era desconsiderada como alguém por quem era possível nutrir afeto e carinho.

Entendi, depois de algum tempo, que essa manifestação de medo também é consequência dos discursos ideológicos dos quais o racismo se vale para se manter. Entendi que o medo que pessoas brancas têm de mulheres negras assertivas e conscientes não é irreal, é na verdade bastante plausível. A branquitude tem medo de uma sociedade em que as mulheres negras como um todo sejam capazes de articular mudanças a partir de sua raiva. Logo, ao imprimir essa ideia de agressividade nessas mulheres como uma característica depreciativa, a sociedade tenta impedir processos de empoderamento e conscientização. Processos esses que seriam capazes de mobilizar a totalidade das raivas das pessoas negras para subverter a ordem. Porque temos raivas sociais. Temos raiva do genocídio da população negra, raiva da falta de acesso à educação para o povo negro, raiva dos estereótipos violentos sobre os nossos corpos, raiva de ter nossas potencialidades limitadas por construções sociais excludentes. Nossas raivas são genuínas e catalisadoras de mudanças tamanhas que são capazes de alterar profundamente a ordem das coisas. E por isso mesmo são deslegitimadas por essa imagem tacanha de uma agressividade sem razão.

Em meados de 2017, escrevi um texto, que ainda existe em sites por aí, sobre o mito da agressividade de mulheres negras. É um texto que foi escrito num momento de muita raiva, impulsionado por uma situação em que a pecha de raivosa havia sido imputada em mim e me tirado uma oportunidade de trabalho. Na ocasião, eu havia sido consultada para oferecer um curso sobre racismo no mercado de trabalho para uma grande empresa. Durante uma reunião de alinhamento, a coordenadora da empresa, uma mulher branca, disse que não seria possível continuar o trabalho, porque eu abordava a questão do racismo com muita raiva. Foi aí que a raiva que eu não estava sentindo apareceu. Apareceu porque a forma como aquela mulher me dirigiu a palavra para deslegitimar meu trabalho me encheu de raiva. Raiva dessa forma silenciosa de racismo que eu sequer podia combater diretamente. Também senti raiva depois, por não ter dito àquela mulher o quanto a atitude dela era racista. Senti raiva porque eu também não me permitira acolher minha raiva devidamente: meu pensamento era que a maioria das mulheres negras que eu conhecia tinha razões muito mais graves do que aquela para sentir raiva, e eu realmente achei que a situação era muito pequena em comparação. Mas não era pequena: a raiva que eu sentia era bastante justa, e eu mesma acabei por diminuir aquele sentimento.

Sempre me perguntei como as pessoas brancas podiam viver placidamente, sem raiva nenhuma, assistindo à desumanização constante das pessoas negras, à brutalidade destinada aos homens negros, deparando-se cotidianamente com os homicídios de jovens negros, com crianças negras tendo suas vidas abreviadas, com os alvos sendo sempre os mesmos. Sempre me inquietou: como as pessoas brancas vivem sem sentir raiva dos resultados traumáticos e sistemáticos de uma sociedade racista? Como essas pessoas podem manter o curso das suas vidas em mansidão e placidez quando, segundo dados do Fórum Brasileiro de Segurança Pública, 72% dos homicídios que ocorreram em nosso país no ano de 2021 vitimaram pessoas negras?[14] A resposta é na verdade bem óbvia: elas mantêm a calma porque esse é um cenário que não as atinge. Elas não precisam se preocupar com isso porque, nos últimos anos, o homicídio de pessoas brancas caiu 26,5%, enquanto o de pessoas negras aumentou 7,5%, o que significa que as políticas de segurança pública seguem orientadas para proteger

---

[14] Fórum Brasileiro de Segurança Pública. *A violência contra pessoas negras no Brasil 2022*. Disponível em: <https://forumseguranca.org.br/wp-content/uploads/2022/11/infografico-violencia-desigualdade-racial-2022.pdf>. Acesso em: 17 jan. 2023.

e preservar a vida de pessoas brancas em detrimento da vida de pessoas negras.

Além disso, parte dessa ausência de raiva por algumas pessoas brancas se dá porque elas não querem ser confrontadas por sua participação na manutenção desse esquema de matar e deixar morrer. Nesse esquema de fazer parecer que são as pessoas negras as responsáveis pelas opressões que lhes atravessam, porque acreditam que elas não são capazes de se organizar devidamente e reivindicar seus direitos de forma a não ferir as pessoas brancas. Quando os brancos são confrontados a respeito de sua anuência e sua participação nos múltiplos esquemas de dominação e poder, a saída é atribuir raiva e agressividade a pessoas negras como marca de supostas irracionalidade e selvageria, das quais eles precisam se proteger. A sociedade acredita convictamente no mito da agressividade negra porque essa crença mobiliza toda uma lógica de controle a respeito das reações, sentimentos e reivindicações que surgem perante as inúmeras situações de violência que pessoas negras vivenciam. É uma forma de desmobilização que apresenta múltiplas camadas, e uma das principais, como vimos no capítulo sobre a fragilidade, consiste em descredibilizar as emoções de pessoas negras, sobretudo de mulheres negras. Mais diretamente: descredibilizar a *racionalidade* de mulheres negras.

É muito comum que a suposta agressividade esteja ancorada na impossibilidade de uma pessoa branca desarticular algum argumento ou pensamento apresentado por uma pessoa negra. No mercado de trabalho, isso é absolutamente costumeiro: são muitas as mulheres negras que relatam como a agressividade foi mobilizada para deslegitimar seus feitos e reivindicações. Somos chamadas de agressivas por nos sentirmos confortáveis em apresentar dissensos, opiniões divergentes ou mesmo o que efetivamente pensamos. Somos consideradas agressivas por exercer nosso trabalho ou delegar as tarefas que precisam ser delegadas. Somos consideradas agressivas porque não acreditam em nosso mérito.

O mito da mulher negra raivosa, a perpetuação desse estereótipo, é uma forma de manter mulheres, especialmente negras, controladas naquilo que chamamos de "seu devido lugar". Ele funciona para as mulheres negras e cumpre seu papel para as mulheres brancas, uma vez que estas, obviamente, não querem ser tratadas como as mulheres negras são tratadas. Os mitos da feminilidade também corroboram esses estereótipos. A "mulher de verdade", segundo o ideário branco, heteronormativo e cisgênero, apresenta características e comportamentos de docilidade e lealdade aos homens brancos. Essa docilidade é o que lhe garante a proteção masculina. Por isso, para serem protegidas, mulheres brancas devem não demonstrar sua raiva, mas contê-la, pois a raiva não é compatível com a feminilidade. Uma vez que mulheres negras são raivosas, elas não serão protegidas.

A raiva é um sentimento considerado positivo, desejável, esperado, apenas nos homens brancos. A eles é permitido sentir raiva; a raiva faz deles homens de verdade. Esses mitos naturalizam a violência contra as mulheres e adicionam camadas mais perversas de violência contra as mulheres negras, justificadas pela necessidade de controle de uma agressividade feminina descontrolada naturalmente atribuída a elas. O pensamento feminista negro já demonstrou exaustivamente como a institucionalização do estupro é uma consequência direta da escravidão, tendo como propósito a dominação e o controle das vítimas e servindo como forma de dominação política e econômica da negritude.[15] A naturalização desse tipo de violência para mulheres negras também é justificada a partir do mito da agressividade. Uma vez que essas mulheres são tão "não mulheres" que precisam ser controladas para que não se constituam enquanto ameaças aos valores patriarcais eurocêntricos, nada mais justo que controlar seus corpos a partir do estupro.

Essas dinâmicas de violência ficam ainda mais evidentes quando adicionamos a esse debate questões relacionadas a gênero e sexualidade. Mulheres negras lésbicas, mulheres negras travestis e transexuais, pessoas não binárias e homens negros trans são punidos, muitas vezes no interior de suas próprias comunidades, a partir de violências sexuais como as anteriormente descritas por justificativas semelhantes. Justificativas, portanto, que não devem ser desconsideradas quando pensamos formas de resistência e organização coletiva que destruam os mecanismos de manutenção do genocídio da população negra por toda a diáspora.

O mito da mulher negra agressiva tem múltiplas facetas. Ele aparece nas relações interpessoais, no cotidiano do trabalho, na educação, nos espaços de ativismo e até mesmo na maternidade. Não sou mãe, mas, desde que comecei a atuar junto ao movimento de mulheres negras,

---

[15] DAVIS, Angela. *Mulheres, raça e classe*. São Paulo: Boitempo, 2016.

presencio situações de justa revolta de mães negras, especialmente daquelas que são vítimas da violência do Estado. Essas mulheres são constantemente descredibilizadas em sua raiva e em sua dor. São mulheres que presenciaram a brutalidade da violência contra pessoas negras tomar delas seus filhos e seu direito à maternidade.

Há uma frase que já ouvi muitas vezes de minha avó: que a dor de enterrar um filho é tão profunda que nem ao menos existe um nome para descrever uma mãe que passa por isso. Essa frase teve um impacto muito profundo na minha vida, pois, de tanto ouvir relatos de mães negras e seus temores, de tanto temer pelos meus amigos negros e pelos meus parentes negros, eu resolvi que não seria mãe. Ainda hoje não tenho certeza se essa decisão partiu de um não desejo meu, concreto e palpável, ou se a possibilidade de parir e criar um jovem negro em um país que faz de nossas peles alvos tão certeiros foi determinante na minha escolha. Se, quando nasce uma criança preta, nasce também uma mãe preta, quando essa criança é assassinada, também se mata violentamente a mãe, ainda que ela continue viva.

A raiva que essas mulheres sentem — raiva da polícia, raiva das instituições, raiva da injustiça — é muitas vezes o que lhes permite se manterem vivas após o trauma de precisar enterrar os próprios filhos. Dizer, portanto, que essa raiva é desmedida, agressiva, desproporcional é justificar o genocídio da população negra e responsabilizar a mãe pela violência que recaiu sobre o filho. É comum que mães de adolescentes cumprindo medidas socioeducativas ou mesmo mães de homens encarcerados sejam responsabilizadas pela violência do cárcere, pelas condições das instituições, pela morte dos seus filhos na cadeia. Afinal, dentro dessa lógica racista e machista, os filhos delas estão vivendo nessas condições sub-humanas porque elas foram mães ruins.

Essa ideia da maternidade negra como uma maternidade ruim, malsucedida, desregrada, não está apenas nas justificativas de situações de violência policial. É esse mito que também dá base a situações de injustiça no que diz respeito ao exercício da maternidade. Mulheres negras perdem a guarda de seus filhos e filhas por escolhas consideradas inadequadas não necessariamente por atributos morais, mas meramente porque são pessoas negras, uma vez que, quando essas escolhas são feitas por mães brancas, elas são celebradas. É cada vez mais recorrente, por exemplo, que mulheres negras percam a guarda de seus filhos e filhas por frequentarem rituais das tradições religiosas de matriz africana. Isso aconteceu em 2022, em Minas Gerais. A mãe relata que o Conselho Tutelar sequer a ouviu.[16] Retratar mães negras como mães ruins, frequentemente justificando o controle institucional dessa maternidade como proteção das crianças, na verdade, é uma forma de intervenção na agência materna dessas mulheres a partir de pressupostos ideológicos da maternidade branca neoliberal e de pressupostos de cidadania que excluem tudo que está fora do padrão idealizado.

---

[16] LACERDA, Victor. "Tiraram um pedaço de mim", diz mãe que perdeu a guarda da filha por leva-la à umbanda. *Terra. Nós.* Disponível em: <https://www.terra.com.br/nos/tiraram-um-pedaco-de-mim-diz-mae-que-perdeu-a-guarda-da-filha-por-leva-la-a--umbanda,de4f8643621fa8c0e6135b91be003cf3orztenf8.html>. Acesso em: 17 jan. 2023.

SE, QUANDO NASCE UMA CRIANÇA PRETA, NASCE TAMBÉM UMA MÃE PRETA, QUANDO ESSA CRIANÇA É ASSASSINADA, TAMBÉM SE MATA VIOLENTAMENTE A MÃE, AINDA QUE ELA CONTINUE VIVA.

As expectativas morais a respeito da maternidade jogadas nos corpos e nos comportamentos de mulheres têm dimensões de raça, de gênero e de sexualidade. É por isso que a raiva das mães negras é diferente da raiva da maternidade branca. E, quando a raiva das mães negras aparece, quase nunca é respeitada. Em 2022, a atriz Giovanna Ewbank, mãe branca de duas crianças negras, com todas as justificativas do mundo, mobilizou toda a raiva que sentia perante uma situação de racismo que envolveu seus filhos. O Brasil inteiro aplaudiu e se indignou junto à família Gagliasso. Infelizmente, é impossível não pensar que as mães negras que respondem com raiva às violências às quais seus filhos estão vulneráveis podem contar apenas umas com as outras.

Outro cenário no qual a suposta agressividade de mulheres negras aparece com frequência são as relações entre mulheres negras e brancas. No início deste capítulo, compartilhei com você, pessoa que me lê, que fui uma criança absolutamente doce. Tão doce quanto negra. Mas a mente binária, racista e supremacista da sociedade não concebe essa possibilidade. Essa visão, central para a manutenção do mito da fragilidade branca, é um dos pilares de sustentação do mito da agressividade negra. Apesar das boas intenções de Robin DiAngelo, a popularização do termo "fragilidade branca" acabou por fortalecer tanto o seu mito quanto o mito da agressividade negra. E o fortalecimento de ambos os mitos acaba por ser central no processo de descredibilização e desumanização de pessoas negras.

A fragilidade acaba se constituindo como um atributo da brancura, e a agressividade, como uma condição inerente à negritude. É comum, portanto, que, quando a conversa sobre raça e racismo aparece através de uma pessoa negra, ela seja vista a partir de um viés de agressividade. Em especial quando essa conversa aparece não como um diálogo doce e paciente de ensinamento para os brancos, mas sim como uma reivindicação potente que exige mudanças estruturais para acabar com a violência promovida por pessoas brancas e pelo sistema de poder racialmente estruturado que essas pessoas insistem em manter. O que acontece geralmente é que pessoas como a própria Robin DiAngelo, assim como outras pessoas brancas que se consideram antirracistas como ela, tendem a se colocar em um lugar em que elas é que irão conduzir as mudanças sociais necessárias rumo a uma sociedade que não seja estabelecida pela supremacia branca. Essas pessoas são consideradas exemplos, modelos e padrões do que o branco deveria ser e de como ele deveria se engajar. Mas não seria mais interessante se reconhecêssemos os esforços e as lutas das comunidades não brancas para construir uma sociedade justa? Não seria mais eficaz que, em vez de evocarmos uma suposta fragilidade branca que impede pessoas brancas de ouvirem e falarem sobre racismo, observássemos atentamente as complexidades do racismo global e como suas ideologias atuam na manutenção do poder?

Pessoas brancas não são incapazes de lidar com a verdade. O que ocorre é que elas abraçam esses mitos como forma de manutenção dos privilégios e dos direitos imanentes que a branquitude lhes confere. Pode ser até que essas pessoas queiram se passar por desentendidas que nunca perceberam o que significa ser branco no Brasil. Mas é inegável que qualquer pessoa branca poderia ter uma perfeita noção, a partir de experiências cotidianas que lhes são ofertadas e a partir de experiências de pessoas negras que observam, do que o racismo significa e do que significa para uma pessoa branca viver em uma sociedade sustentada por hierarquias raciais. Pessoas brancas não gostam de falar sobre raça e racismo, porque, no geral, essas conversas acabam desaguando em fatos incontestáveis a respeito de como o racismo se constitui enquanto estrutura que privilegia inclusive a mediocridade da branquitude. Não gostam de falar sobre racismo porque esse diálogo conduz a fatos óbvios, como: pessoas negras podem ser preconceituosas em relação a pessoas brancas, podem inclusive ter aversão a pessoas brancas, mas pessoas negras jamais tiveram à sua disposição as estruturas de poder que poderiam fazer com que esses preconceitos e aversões significassem recusas sociais para pessoas brancas.

Esse tipo de diálogo, que durante muito tempo foi suprimido de diversas formas, fosse ocultando a produção intelectual de pessoas negras, fosse impedindo crianças negras de relatarem situações racistas, fosse descredibilizando a violência que a população negra experimenta globalmente, revela padrões socialmente injustos que, uma vez descritos e pormenorizados, acabarão por impulsionar ideias e ações contra-hegemônicas. É muito mais fácil normalizar e naturalizar as violências de que pessoas negras são vítimas quando se cria uma justificativa ideológica para essas violências. Tratar pessoas negras como agressivas e incapazes de demonstrar afeto e doçura é útil, inclusive, para continuar retratando pessoas negras como receptáculos naturais de dores físicas e mentais. Como já vimos, você acaba até desacreditando que pessoas negras sejam capazes de sentir dor. Mais ainda, você consome a dor de pessoas negras como entretenimento sem nem ao menos pensar no que isso significa.

As agressões diárias que se estabelecem em nossas vidas, entretanto, muitas vezes não são consideradas agressões. Elas são lidas a partir de um viés que naturaliza e torna normal que pessoas negras sejam agredidas, num incessante discurso de que sempre foi assim e assim sempre será. Essas agressões cotidianas têm o papel de nos disciplinar e, ao mesmo tempo, de consolidar uma narrativa de que nossas reivindicações são menos importantes que as de outros grupos sociais. Tachar pessoas negras de agressivas e raivosas é uma forma de dizer que elas merecem as agressões que recebem. Isso acaba proporcionando que pessoas brancas possam confortavelmente permanecer estáticas, apenas observando essas agressões acontecerem.

Quando fui submetida a agressões no ambiente escolar, na rua, no trabalho e nas mais corriqueiras situações de minha vida, as pessoas que assistiram às agressões e que, em tese, tinham a obrigação de me proteger, uma vez que eram por mim responsáveis, jamais se lembravam de quão carinhosa eu era. As professoras esqueciam que eu era a garota que se dispunha a ajudar a organizar a sala de aula e que escrevia cartas carinhosas para elas. Também esqueciam que era eu que me dispunha a passar o recreio na biblioteca da escola ajudando os colegas a escolherem livros com os quais eles pudessem se identificar para desenvolver uma relação agradável com a leitura, como a que eu já tinha, por causa da minha avó. As pessoas adultas responsáveis por mim na escola nunca se manifestaram quando fui verbalmente agredida pelos meus colegas, mas, nas vezes em que eu mesma me manifestei, fui lida como alguém que precisava ser contido e punido.

A contenção e a punição eram formas de imprimir limitações ao que eu era e ao que eu desejava ser, formas de me fazer pensar que eu importava menos que todos os outros. Da mesma forma, depois de adulta, quando eu reportava para um coordenador uma situação de violência racial no ambiente de trabalho, automaticamente era relembrada de que a posição que eu ocupava não era uma posição comum para pessoas negras e que relatar esse tipo de coisa poderia me causar problemas, já que eu tinha dificuldade de explicar as coisas sem ser agressiva. Um cala-boca institucional que queria dizer: "Você já está sendo autorizada a estar neste lugar que nem seria para você, já estamos deixando que você fique aqui, apenas faça o seu trabalho e não reclame". O detalhe importante é que, sempre que precisei me dirigir a um superior para relatar uma situação de racismo, pensava inúmeras vezes antes de fazê-lo, refletia às vezes por dias, e chegava muito calma para contar o que havia ocorrido. Ainda assim, era desestimulada porque, para o ouvido do branco, toda reclamação de uma mulher negra é raivosa. Eles são tão peritos em apurar a raiva de pessoas negras que conseguem percebê-la até se as reivindicações são feitas por escrito. Aliás, é bem provável que, se você for branco, tenha achado este relato, mesmo que só por um momento, agressivo e raivoso. É possível que tenha achado o meu tom inadequado e justifique sua indisposição com a leitura desde então. Há um nome para isso: *policiamento de tom*,[17] uma ferramenta de silenciamento e perpetuação do racismo bastante comum.

Embora as situações aqui relatadas sejam bastante pessoais, elas exemplificam como o mito da agressividade impresso em pessoas negras é central para a manutenção do domínio disciplinar do poder. É uma forma específica de manifestação do poder que confere sentido às opressões que vivenciamos cotidianamente, seja na forma de administrá-las ou na forma de criar regras que devem ser seguidas e observadas. Foi Patricia Hill Collins quem mais detalhadamente descreveu os domínios do poder, e foi estudando suas obras que entendi como atribuir agressividade a pessoas negras acabava por disciplinar nossos comportamentos de forma que reivindicássemos menos, falássemos menos, tivéssemos medo de expor nossas opiniões. Essa constante e incessante forma de caracterizar o comportamento de pessoas negras a partir da pecha da agressividade é uma forma silenciosa de vigilância que independe das forças militares, da violência física direta, de aportes financeiros em grandes operações de disciplina e contenção organizadas pelo Estado, como presenciamos nas periferias. A partir do discurso, mobiliza-se no cotidiano um padrão de dominação.

Para mulheres negras, a regra a ser seguida e observada no que diz respeito aos comportamentos é o silêncio. Mas mesmo o silêncio não lhes garante proteção. Elas também podem e serão questionadas a respeito do silêncio quando

---

[17] SAAD, Layla F. *Eu e a supremacia branca*: como reconhecer seu privilégio, combater o racismo e mudar o mundo. Rio de Janeiro: Rocco, 2020.

vítimas de uma situação de opressão. Frequentemente somos questionadas sobre por que não reclamamos, por que não reivindicamos, por que não fizemos nada quando vivenciamos uma situação de racismo. Contudo, são raras as vezes em que surgem questionamentos a respeito do ambiente de hostilidade racista e sexista que exige de mulheres negras certas posturas que não correspondem ao esperado ideal de feminilidade padrão, construído para controlar mulheres de forma geral. O culto à inocência feminina branca e a puerilidade que é atribuída a mulheres brancas, por exemplo, permitem que elas utilizem até mesmo as lágrimas como ferramenta de opressão. Você se lembra que mencionei que comentaria sobre essas lágrimas? Mulheres brancas racistas chorando quando confrontadas por pessoas negras não são exatamente uma novidade. O choro, de que já tratei no capítulo sobre fragilidades, pode lhes conferir uma credibilidade inquestionável, enquanto, para nós, pode significar uma vulnerabilidade ainda maior.

Você já deve ter percebido que a imagem de controle da mulher negra agressiva, raivosa e irracional tem uma longa história e é bastante presente em toda a diáspora: na mídia, nos discursos, nas relações sociais. São incontáveis os relatos de mulheres negras que descrevem situações nas quais esse estereótipo foi utilizado para descredibilizar suas falas, reivindicações e até mesmo o trabalho por elas produzido. Na minha vida, também já fui muitas vezes silenciada ou diminuída por ser considerada agressiva. Porém, tanto na minha própria experiência quanto naquilo que me foi confiado por outras mulheres negras, foram raríssimas as ocasiões em que imprimimos qualquer tipo de violência contra qualquer pessoa que estivesse sendo violenta conosco, racista conosco.

Não é pela agressividade que rebatemos as agressões que recaem sobre nós, pois sabemos que responder agressivamente pode significar a nossa morte ou uma grave punição. Somos estratégicas, mobilizamos a raiva de outras formas. Mobilizamos nossa raiva criativamente, articulando estratégias coletivas de resistência em espaços seguros. Colocamos nossa raiva na música, na arte, na poesia, na escrita acadêmica e ficcional. Usamos nossa raiva para reagir ao racismo, como Audre Lorde nos ensinou.[18] Apesar de essa tática ter nos mantido vivas até aqui, tenho estado bastante cansada da assertividade. Precisar responder na mesma moeda tem me exaurido. Tenho um combinado comigo mesma: não morrer. Por isso, o meu cansaço e a minha indisciplina deram lugar a uma rebeldia articulada, consonante com os legados das minhas mais velhas e com a intenção de manter viva nossa potência. Isso também não significa que estejamos anestesiando nossas raivas com luta. Na verdade, a luta aduba nossa raiva e transforma nossa razão em ferramentas de resistência. É o que temos. Nossa única arma. Sentimos, pensamos, anunciamos, entendemos, fazemos o que precisamos fazer.

A raiva que sentimos do desrespeito, da violência racista, da desmobilização das nossas dores, o sentimento que surge quando nossas justas raivas são ques-

---

[18] LORDE, Audre. *Irmã outsider*: ensaios e conferências. São Paulo: Autêntica, 2019.

tionadas como se fossem despropositadas, demanda que atuemos observando nossas frustrações. Dizer para uma pessoa vítima de uma violência que ela não pode sentir nem expressar sua raiva é uma maneira de manter a violência operando de forma constante na vida dessa pessoa. É um jeito de punir a vítima múltiplas vezes: somos punidas por sermos mulheres negras e depois somos punidas por sentir raiva da punição. Espera-se que sejamos punidas sem reclamar. Somos ensinadas a não reagir às violências que nos são destinadas para não sermos consideradas agressivas. Nunca queremos ser a mulher negra agressiva, a ponto de, quando reagimos às violências que nos são impostas, pedirmos desculpas por reagir.

A mulher negra agressiva aparece na televisão repetidas vezes. Ela está na televisão para nos lembrar de quão inconveniente é. Nós convivemos com o estereótipo da mulher negra agressiva de forma tão cotidiana que não queremos ser ela. Policiamos umas às outras para não sermos agressivas. Temos um medo profundo de sermos lidas como agressivas, porque temos receio da consequência dessa leitura. Porque temos medo do assassinato, medo da ação truculenta do estado, medo da morte. Assim, engolimos nossa raiva. Quando somos forçadas a engolir a raiva, sentimos em cada pedacinho do nosso corpo a violência nos atravessando novamente. Ao mesmo tempo que reconhecemos a agressividade da violência que nos é imposta, também conhecemos de maneira profunda o mito da mulher negra agressiva e os perigos dele para nós.

Você acredita que mulheres negras são agressivas porque a agressividade de mulheres negras foi mobilizada para dar sentido a relações interétnicas ideais. Essas relações ideais são articuladas em uma lógica que privilegia pessoas brancas. A raiva que sentimos mediante uma situação de violência não é maior nem menor do que a raiva que uma pessoa branca sente quando é violentada. O fato é que a raiva de pessoas brancas não é subestimada. A raiva de pessoas brancas é lida como consequente, enquanto a nossa é lida como irracional.

Assim, a relação ideal entre pessoas negras e pessoas brancas é uma relação de obediência, servidão, mansidão e subserviência. Uma relação na qual dizemos: "Sim, senhor/senhora" para tudo que o branco nos impõe. Personagens fictícios, como a Tia Nastácia de Lobato, de que já falamos aqui, persistem e são reformulados porque sustentam a ideia de que há uma forma ideal de conviver com brancos, uma forma passiva e ausente de reações às injustiças, que corresponde às políticas de respeitabilidade entre brancos e negros. Cria-se a ideia de que, se queremos receber algum tipo de reconhecimento social, não podemos sentir raiva. Mobiliza-se a narrativa de que nossa raiva é injusta com os brancos e de que somos agressivas porque somos um bando de ingratas.

Houve uma ocasião em que eu trabalhava com uma reconhecida mulher branca que aqui vamos chamar de Morella. Ela tinha planos incríveis para ajudar mulheres negras, era cheia de boas intenções e reconhecia o quanto a branquitude dela lhe conferia privilégios. A brancona desconstruída. Morella sonhava com uma sociedade equânime, livre de opressões, considerava-se uma aliada das mulheres negras. Eu conhecia a Morella havia muitos anos, e ela era uma mulher que me inspirava por sua atuação política. Logo, quando ela me convenceu de que podíamos desenvolver um grande projeto de reparação das desigualdades raciais, eu prontamente aceitei. Ela entraria com o dinheiro, que eu não tinha, e eu entraria com o trabalho, as ideias, a formulação e a execução do projeto.

Eu era a única mulher negra envolvida no projeto e trabalhava mais que todas as outras, óbvio. Depois, aprendi que todo projeto de alguma Morella em que existe apenas *uma* mulher negra não passa de fraude. Ser o único negro em qualquer espaço sempre é um sinal de alerta. Mas, talvez por ingenuidade, talvez por necessidade do dinheiro, e mesmo havendo todos os indicativos de que aquilo tinha tudo para dar errado, na época eu investi muito do meu tempo, do meu intelecto e do meu trabalho no projeto da Morella. Projeto pelo qual ela ganhou prêmios, reconhecimento, outros trabalhos e reforço de quanto ela era uma aliada da causa antirracista. Morella, que era dona do projeto, apresentava-se como idealizadora de tudo, e eu era mera colaboradora. Recebia pouco, trabalhava muito e, no fundo, achava que compensava, porque as pessoas que eram beneficiárias do projeto eram em sua maioria mulheres negras.

*Spoiler*: mesmo assim não compensava.

A minha relação com Morella era muito legal. Ela até me chamava para tomar bons vinhos e trocar ideias fora do expediente. Ia tudo muito bem, até o dia em que eu discordei dela. Em uma ocasião, Morella ficou muito indignada, porque outra mulher negra, que havia rompido com um outro projeto idealizado por Morella e em que ela também era a única pretinha no pedaço, tivera a audácia de criticar o projeto publicamente. Morella me contou isso muito chateada; afinal, ela havia feito *tudo* por aquela mulher negra. Eu simplesmente respondi a ela que o fato de a mulher trabalhar para ela não a autorizava a controlar suas ideias.

Depois da crítica e dessa conversa, tive a oportunidade de desenvolver um trabalho com a outra mulher negra, a "negrinha atrevida" que tinha ousado falar mal das ideias de Morella em público. O projeto era muito bacana e não tinha nada a ver com o que eu desenvolvia com Morella. Mas, quando Morella descobriu que eu estava desenvolvendo projetos paralelos com a tal da "negrinha atrevida", veio me confrontar. Disse que era quebra de confiança e que eu não podia desenvolver um trabalho com alguém que de maneira tão injusta tinha expressado coisas tão violentas e agressivas sobre a idoneidade da Morella. Ela achava uma grande afronta que eu ousasse confraternizar com alguém que a tinha chamado de racista em público.

Mais uma vez precisei explicar para Morella que o fato de ela querer monitorar as minhas ideias e relações porque eu trabalhava para ela era controlador e racista. Expliquei que ela não era dona das pessoas e que não cabia a ela definir como eu vivia nem nos meus afetos nem nos meus contatos profissionais. Expliquei ainda que não era legal tratar pessoas negras que apontam racismo como negrinhas atrevidas e que o mais interessante seria ela rever suas atitudes e seus posicionamentos para não ser mais racista. A resposta dela a essa recomendação foi dizer que eu a estava agredindo. Revirei os olhos e expliquei que em nenhum momento eu a agredira, nem simbólica nem fisicamente. Ela disse que eu estava sendo injusta e...

Chorou!

A obviedade das lágrimas brancas rolando frente a uma acusação de racismo. Choro copioso e soluçante na frente de outras mulheres brancas, que rapidamente acolheram aquelas alvas lágrimas incessantes. Choro interminável pontuado por acusações de crueldade da minha parte, que resultou na minha demissão e um sem-fim de solicitações das outras brancas do trabalho de entender por que eu tinha tratado a Morella com tanta agressividade e maldade.

Negra, agressiva, má. O combo perfeito de estereótipos mobilizados para dizer que mulheres negras recebem o tratamento que lhes é destinado porque merecem, como se não fosse injusto. Elas não cumprem seu papel de Tia Nastácia, não cumprem seu papel de amigas da branca protagonista, não cumprem seu papel de cúmplices nas violências que mulheres brancas promovem e, portanto, são merecedoras da desumanização. Se ousamos negar o papel de submissão e servidão que nos é imposto, logo a imagem de agressiva nos atinge. E eu só soube identificar tudo isso depois de ler em profundidade intelectuais negras. A propósito, muito obrigada, Patricia Hill Collins.

Sob o pretexto de que somos agressivas, a sociedade nos pune e nos agride de várias formas em um ficcional toma lá, dá cá. Por exemplo, você não acredita que eu sou simpática porque você precisa dizer que o problema da escassez de oportunidades de trabalho para mulheres negras é resultado do mau temperamento dessas mulheres. Você não acredita que eu sou sensata porque precisa afirmar que eu sou agressiva e, por isso, não tenho minhas reivindicações atendidas. Elas não são atendidas porque eu sou violenta, e não porque o sistema de "justiça" em nosso país é absolutamente injusto com pessoas negras, a ponto de podermos chamá-lo de sistema de injustiças.

Agora que entendemos por que mulheres como eu são tão facilmente caracterizadas como agressivas e violentas, cabe pensar como desfazer esse estereótipo que desumaniza tão profundamente mulheres negras. Precisamos refletir sobre os motivos pelos quais, no mercado de trabalho, na educação e na vida cotidiana, as mulheres negras são atingidas com tanta facilidade pelo estereótipo de estarem sentindo raivas injustificadas. Primeiro, é vital que se entenda que, quando mulheres negras expressam sua raiva, no geral, ela é muito bem justificada. Basta ver a condição social da feminilidade negra no Brasil. Somos as principais vítimas de feminicídio, de agressões oriundas da violência doméstica e de estupro. Se pensarmos nos impactos da crise econômica na vida das mulheres, muitas vezes se oculta que o aprofundamento desses impactos se dá entre mulheres negras, principalmente depois da pandemia.[19] Nosso trabalho é explorado de múltiplas formas, nossos corpos e nossas sexualidades são objetificados e animalizados, nosso intelecto é desconsiderado e precisamos sempre fazer tudo muitas vezes mais para obter o mínimo de reconhecimento. Quando erguemos nossa voz, frequentemente somos ouvidas apenas por outras mulheres negras. De resto, temos silêncios.

---

[19] PRATES, Ian et al. Trabalho na pandemia: velhas clivagens de raça e gênero. *Nexo*. Disponível em: <https://www.nexojornal.com.br/ensaio/debate/2020/Trabalho-na-pandemia-velhas-clivagens-de-­ra%C3%A7a-e-g%C3%AAnero>. Acesso em: 02 fev. 2023.

Persistem os silêncios, e a sociedade segue colocando no colo das mulheres negras as responsabilidades pela precariedade das suas próprias vidas, porque somos temperamentais, irracionais, raivosas. E tudo bem eu repetir isso muitas vezes neste livro para que você possa realmente entender as razões pelas quais você não acredita nas pessoas negras.

Nem mesmo Michelle Obama escapou dos efeitos do estereótipo de agressividade. Sua inteligência, sua assertividade, seu brilhantismo foram encapsulados na imagem de uma mulher agressiva, controladora, castradora. Ou seja, mesmo mulheres negras que alcançam lugares de destaque e reconhecimento entre os brancos não estão livres de serem descredibilizadas a partir do mito da agressividade. O profissionalismo da tenista Serena Williams foi questionado por causa de sua suposta agressividade ao reagir à injustiça da arbitragem.

Taís Araújo também já foi considerada agressiva meramente por se recusar a comer um prato de que ela não gostava. Ela não come abóbora simplesmente porque não gosta. Em uma participação da atriz em um programa de televisão, lhe foi oferecido nhoque de abóbora e ela recusou. As reações na internet foram desde sugerir que a atriz não comia abóbora por questões espirituais até atribuir todo tipo de atrocidade a sua personalidade. Apesar de ter recusado o prato de maneira muito tranquila, ela foi chamada de arrogante, agressiva, pouco humilde. É mais confortável para os brancos nos tratarem como agressivas do que sugerir que a agressão na verdade parte deles. Ora, não é no mínimo agressivo tentar impor a uma outra pessoa que ela deve comer algo de que não gosta? Quando você recebe uma visita em sua casa, por acaso você exige que ela coma o que você preparou, mesmo que ela não queira? Taís Araújo é uma atriz muito querida pelo público brasileiro e ainda assim não escapou das dinâmicas cruéis que as imagens de controle impõem em nossas vidas.

Ou seja, nenhuma de nós está livre.

A questão que fica é quanto você é capaz de viver a sua vida sabendo que a sociedade criou um mito que rotula mulheres negras como agressivas para que elas sigam sendo vítimas de violências injustificadas.

Não te dá raiva? Pois deveria.

# NA SALA DE AULA

Possivelmente você já teve contato com outros livros escritos por mulheres negras. Também espero que já tenha tido a oportunidade de estar em espaços onde mulheres negras compartilham suas vivências e experiências a partir de palestras, workshops, conferências e coisas do tipo. Se você já esteve na plateia enquanto alguma pessoa negra falava ou se você acompanha nas redes sociais criadores de conteúdo negros e negras, em algum momento já ouviu essas pessoas compartilhando a relação delas com a escola.

Eu frequentei o ensino médio no início dos anos 2000. Embora já houvesse alguns avanços nas pautas raciais, a escola particular cristã na qual eu estudava não ensinava a seus estudantes o mínimo sobre relações raciais e racismo, além de ser uma instituição que reproduzia muitas práticas racistas. As ações de violência racial a que fui submetida não eram entendidas dessa forma, embora muitas vezes tenham sido presenciadas por professores e funcionários. Os meninos que me diziam absurdos em sala de aula e no recreio não eram advertidos. E assim, através do meu corpo e da minha dor, o racismo era naturalizado como algo que fazia parte do cotidiano escolar. Por mais que eu soubesse que naquela escola absolutamente branca pouco seria feito mediante qualquer reivindicação que eu tivesse em relação à violência racial, ao ler meu diário daquela época descobri que eu esperava que algo fosse feito. Esperava ser salva por uma comunidade escolar que me entendesse enquanto indivíduo ao mesmo tempo que valorizasse meu pertencimento. Meu coração criança esperava isso das pessoas pelas quais eu nutria afeto na escola. Esse acolhimento, entretanto, nunca apareceu. Não da forma de que eu precisava: como proteção.

Assim como eu fui, muitas crianças negras são racialmente violentadas na escola sem que nada seja feito. Isso ainda é uma realidade. Constantemente, vemos relatos na mídia de jovens negros expostos ao racismo no ambiente escolar e que, muitas vezes, contam apenas com a defesa de seus familiares. As mães negras, quando confrontam a estrutura racista das escolas, são consideradas agressivas e incivilizadas; as crianças, descredibilizadas de seus relatos. A falácia de que nas escolas todos são tratados da mesma forma fomenta a permanência desse tipo de violência. Crianças negras e crianças brancas recebem tratamento desigual, e essa diferença no tratamento prejudica os processos de aprendizagem das crianças negras. O racismo no cotidiano escolar faz com que as crianças diferentes não queiram participar das atividades, não se sintam confortáveis na escola, faz com que elas tenham menos oportunidades de desenvolver suas habilidades. Esse tratamento excludente traumatiza. Uma vez que as instituições escolares não promovem ambientes de acolhimento para os estudantes negros, elas acabam por contribuir diretamente para a manutenção do racismo.

As situações de racismo que crianças e jovens negros vivenciam na escola são as formas como essas crianças experienciam a negação do direito à educação, como uma manutenção dessas violências. No geral, falamos sobre a negação do direito à educação avaliando questões como a quase inexistência de escolas de ensino médio em regiões de maioria de população negra ou a partir das condições precárias das escolas nas periferias. Também relacionamos racismo, educação e currículo escolar há muito tempo. Tanto que, graças às análises historicamente promovidas pelos movimentos sociais negros a respeito da educação, hoje temos legislações que visam ampliar e diversificar os currículos, inserindo conteúdos sobre a história e a cultura afro-brasileira.

No Brasil, o avanço promovido pela Lei 10.639/03 aos poucos tem transformado a realidade que eu vivenciei. Vinte anos depois, o cenário mudou, mas não o suficiente. Essa lei ainda não é devidamente aplicada. Ela se perverte em discursos que assinalam impossibilidades institucionais e individuais, que vão do discurso da escola que não tem recursos para aplicar a lei ao do professor que não tem formação nem tempo suficiente para se dedicar a se aprimorar e concretizar o que a lei exige. As licenciaturas seguem com currículos bastante tímidos, e muitas das disciplinas que efetivamente abordam as questões raciais nas universidades não são obrigatórias. Os currículos escolares não são transversalizados no que diz respeito ao aprendizado na teoria e na prática, e essa é uma das muitas razões para que as escolas estejam longe de ser espaços democráticos e inclusivos.

Mesmo assim, os constrangimentos que os livros didáticos causavam em mim talvez não sejam mais causados em jovens negros, uma vez que, hoje, projetos como o Tem

Cor no Ensino[20] promovem cada vez mais uma educação antirracista e focada na construção de referenciais inclusivos e socialmente democráticos na educação. Porém, na minha época de estudante, cada vez que eu abria o livro de história e via a minha própria história ser resumida à escravidão, eu me sentia muito injustiçada, pois sabia que não era apenas isso que me cabia na sociedade. Cada vez que os colegas esperavam que eu me irritasse ou me rebelasse mediante uma situação de racismo, eu também me sentia exposta e vulnerável. Vivenciei uma escola e uma educação que eram muito pouco heterogêneas, que não se preocupavam em nada com a diversidade, porque seus alunos eram todos mais ou menos iguais, e aqueles que não eram, portanto, que se adequassem. Que se adequassem a tudo. A forma como a escola tratava as situações de violência racial e a ausência de referências negras no currículo era o silêncio. Os diferentes que se adequassem à imposição religiosa e às regras escolares que os excluíam.

Apesar de eu ter estudado em uma escola particular, sei que no ensino público as coisas não eram muito mais confortáveis. Também persistiam violências raciais e traumas variados com os quais os jovens negros precisavam lidar e que, na maioria dos casos, necessitavam enfrentar sozinhos. Faço parte de uma geração de pessoas negras que precisou dar sorte. Alguns deram a sorte de encontrar professores e professoras dispostos a lutar por eles, raríssimos, mas existentes. Eu mesma fui criada com acesso a muitos livros que suplementavam as ausências de conteúdo afrocentrado na escola, além de ter crescido em uma

---

[20] Tem cor no ensino. Disponível em: <https://www.instagram.com/temcornoensino/>. Acesso em: 17 jan. 2023.

família em que o letramento racial sempre foi uma realidade. Eu tinha uma rede de apoio que me permitia ter um mínimo de noção de que as violências raciais que ocorriam na escola não eram minha culpa. Mas vários jovens negros e negras precisaram de estratégias solitárias para sobreviver ao tóxico ambiente escolar. Infelizmente, essas estratégias, muitas vezes, significavam o abandono escolar. Afinal, por que permanecer em um espaço que deixava evidente que nossa presença não era benquista?

Mas, para além dessas questões de cunho estrutural, permanecem outras formas de negar educação à população negra, aquelas que transformam a experiência escolar para jovens e crianças negras num trauma que depois vai exigir muitas sessões de terapia, com as quais a maioria de nós não tem como arcar e que não são facilmente oferecidas no serviço público de saúde. A escola também nos é apresentada como um espaço de construção de cidadania. Já dizia Leci Brandão que na sala de aula se forma uma nação. Mas que tipo de nação é construída em salas de aula onde o racismo é visto como uma questão menos importante na formação de cidadãos? Que tipo de cidadão é formado em escolas onde meninos e meninas negros são desestimulados ao aprendizado a partir de violências simbólicas e materiais? Não foi sem razão que historicamente o movimento social negro se preocupou com a educação e com as escolas; afinal, o espaço escolar é indiscutivelmente político e reproduz as contradições sociais. Quando um professor ou uma professora trata com descaso a reclamação de um jovem negro a respeito de uma violência racial, ele ou ela também está consolidando o racismo institucional.

Tive professores e professoras que trataram com descaso as minhas muitas reclamações sobre as violências que me eram proferidas na escola, mas também tive aqueles que as tentaram acolher como podiam: não enfrentando a direção e exigindo a retratação dos meus algozes, mas me oferecendo o afeto que muitas vezes eu não encontrava nos colegas e me possibilitando desenvolver habilidades fora da sala de aula, em atividades extraclasse. No meu caso, a biblioteca era um espaço de salvação, não só porque eu podia me esconder entre as inúmeras prateleiras de livros, mas também porque a bibliotecária era uma mulher negra que não media esforços para que eu me sentisse bem. Ali, os horrores do racismo do cotidiano escolar eram diminuídos pelas conversas afetuosas e pela celebração de quem eu era. Também eram diminuídos pelo orgulho da minha ficha de leitura impecável, que me possibilitava ficar atrás do balcão e ajudar a organizar os livros do mês. Eu sempre me sentia muito importante quando a Ana me chamava para conduzir o grupo de leitura e me deixava escolher as obras que ficariam como sugestão para os outros estudantes que gostavam menos de ler do que eu. Sempre me orgulhava de ser a pessoa que indicava livros para os colegas e que também podia dizer que livros deveriam ser comprados.

A biblioteca era um dos poucos espaços onde eu tinha algum tipo de segurança, a ponto de ter comemorado meu aniversário de quinze anos nela, porque era um dos únicos espaços da escola onde parecia que se importavam comigo. E eu sabia que a maior parte dos professores pouco ligava para o que eu pensava, sentia ou tinha a dizer. Isso ficava claro nas vezes em que eu não aguentava mais ficar quieta e manifestava o que realmente sabia sobre raça e racismo, recebendo punição por isso. Uma ida à coordenação pedagógica, um bilhete na agenda para que minha mãe assinasse e, por fim, como já contei, uma expulsão.

O olhar atento da Ana era um dos poucos que havia na escola onde passei os primeiros anos da minha adolescência. Mas, no fundo, eu achava injusto ter que me esconder na biblioteca para ter uma proteção que, em tese, eu não deveria precisar. A escola deveria ser um dos lugares mais seguros para mim e não era. Hoje, quando percebo o quanto crianças e jovens negros estão suscetíveis a tudo no ambiente escolar, até mesmo à morte, não consigo deixar de pensar que as escolas são inseguras para pessoas negras propositadamente. Em que pese o nível e a forma das violências serem diferentes a depender do contexto em que a escola está inserida, todas elas, de alguma forma, são espaços onde enfrentaremos no mínimo uma experiência de agressão racial. Se a escola, de alguma maneira, nos ensina qual é o nosso lugar no mundo, precisamos continuar pensando em um outro tipo de educação, um que não condene as crianças negras a experienciarem violências. Para que aprendamos que o nosso lugar no mundo não é um suscetível a repetidos traumas e dores, mas um que nos possibilite aprender, desenvolver e apresentar nossas competências e habilidades, um onde possamos falar livremente, onde possamos ser o que somos sem violar o direito de outros também o serem.

Minha experiência escolar foi muito pouco afetada pelos avanços promovidos pelo movimento social negro na educação brasileira. Eu fui criança e adolescente antes da vigência da obrigatoriedade do ensino de história da África e cultura afro-brasileira em todos os níveis da edu-

PRECISAMOS CONTINUAR PENSANDO EM UM OUTRO TIPO DE EDUCAÇÃO, QUE NOS POSSIBILITE APRENDER, DESENVOLVER E APRESENTAR NOSSAS COMPETÊNCIAS E HABILIDADES, UM ONDE POSSAMOS FALAR LIVREMENTE, ONDE POSSAMOS SER O QUE SOMOS SEM VIOLAR O DIREITO DE OUTROS TAMBÉM O SEREM.

cação. Fui estudante em escolas que ignoravam o Dia Nacional da Consciência Negra e, embora eu soubesse bem o que ele significava, pela educação que eu recebia em casa e no movimento social negro, cada vez que eu falava sobre isso em sala de aula, meus professores e professoras desconsideravam ou desestimulavam o que eu tinha a partilhar com meus colegas. Esse cenário também foi responsável por ampliar as agressões que eu sofria.

A propósito, eu nasci, fui criada e vivo até hoje em um estado cujo hino diz que "povo que não tem virtude acaba por ser escravo". Um hino que é há muitos anos questionado pelo movimento negro pelo seu teor racista — durante sua execução pessoas negras muitas vezes se recusam a ficar de pé. O advento das ações afirmativas de cotas raciais no ensino superior fez com que, em muitas cerimônias de formatura, negros e negras graduandas ficassem sentados enquanto todos os colegas se levantavam em sinal de respeito para ouvir um hino que saúda uma guerra na qual foi promovido o genocídio de milhares de soldados negros que apenas aderiram a ela porque havia uma promessa de liberdade para eles. Promessa essa que não foi cumprida.

Quando, em 2020, Porto Alegre, a capital do estado em que eu vivo, elegeu pela primeira vez uma bancada de vereadores negros e negras, composta por jovens da mesma geração que eu, todos eles permaneceram sentados diante da execução do hino na cerimônia de posse. Por protesto. Por saberem que a manutenção dessa estrofe no hino do estado é uma marca histórica e institucional de não pertencimento e que a negação do diálogo a respeito dos símbolos racistas que permeiam as instituições é também uma forma de manutenção das hierarquias raciais e da supremacia branca. O significado do hino do Rio Grande do Sul não é o mesmo para todas as pessoas. Se, para muitas pessoas brancas, ele é um símbolo de pertencimento e cidadania, para tantas outras pessoas negras esse mesmo hino significa o apagamento da história dos negros do Rio Grande do Sul, a manutenção da estrutura racista, e contra isso precisamos protestar. Esse tipo de protesto é uma forma de promover uma outra forma de educação. Quando, no espaço público, podemos tomar atitudes como essa, instigamos a procura por informações e possibilitamos uma educação mais democrática, na qual aqueles que historicamente foram silenciados e tiveram a sua memória desqualificada, desacreditada e vilipendiada possam exercer o direito à própria narrativa.

Muitas pessoas negras que hoje são adultas, como eu, relatam situações da sua vivência escolar como experiências de não pertencimento. Penso que essas experiências de não pertencimento durante a vida escolar têm um papel central na manutenção do racismo. Não estou falando aqui de não vivência da experiência escolar, de não poder ir à escola pela inexistência de instituições de ensino no território onde se reside, algo que acontece com frequência em bairros periféricos, onde muitas vezes a escola é longe ou fica em um território marcado pela violência policial. Nessas condições, o que acontece é o impedimento completo das crianças negras de frequentarem a sala de aula, porque frequentar a escola também significaria que elas literalmente poderiam morrer vítimas das balas que encontram seus corpos.

O que experimentei foram outros tipos de limitação, que também são decorrência do racismo. Infelizmente, ainda é comum que mães e familiares de crianças negras relatem situações de racismo desde a educação infantil, não apenas na relação entre as crianças, mas também entre as crianças negras e as educadoras brancas. Também ainda são frequentes os casos de racismo religioso em relação às crianças que vivenciam a fé a partir das tradições religiosas de matriz africana. Negligenciar o impacto dessas violências na formação de crianças negras também é um aspecto da manutenção da supremacia branca e da branquitude.

Como mencionei anteriormente, temos uma ideia comum de que a escola é a primeira instituição social que nos prepara para a vida em comunidade; logo, se crianças e jovens negros não se sentirem pertencentes à escola, desde cedo a população negra em geral vai aprender que não faz parte da sociedade. É um eficaz procedimento de segregação racial que, no Brasil, sequer precisa de uma legislação direta e específica para se efetivar.

Recentemente, descobri que fiz questão de esconder de mim mesma parte significativa das experiências de racismo que se deram no ambiente escolar na minha infância e na minha adolescência. Meu cérebro simplesmente colocou essas memórias em lugares que eu não era capaz de acessar com facilidade. Eu sabia que o racismo havia estado presente em cada etapa da minha vida escolar, mas não lembrava detalhes dos episódios nem os nomes dos jovens que haviam sido responsáveis por dores promovidas com palavras e gestos, mas que doíam em mim de forma física. Eis que encontrei meu diário do ano de 2003, quando eu tinha entre 14 e 15 anos e parei para ler os relatos daquela garotinha que eu conhecia, mas de quem não lembrava. Descobri, lendo atentamente aquelas páginas, que fui exposta ao discurso de ódio escolar muito cedo e que lidei com ele da forma como podia: escrevendo. Confiava na minha escrita e nas páginas do meu diário como um espaço de conforto e de análise. Ali havia detalhes das agressões, mas também uma dificuldade de nomeá-las. Nas muitas páginas do meu diário de adolescente, recheadas com relatos ardidos de uma jovem vivenciando o terror da violência racial na escola, nenhuma vez aparece a palavra racismo. Mas são perceptíveis as marcas que o racismo causava no meu desenvolvimento e no meu crescimento. Ali eu coloquei para fora todas as dores de conviver com o racismo cotidianamente, tudo que significava tê-lo atravessando minha vida.

Toda a minha vida escolar foi marcada pelo racismo, e meu último ano não foi diferente. Apesar de ter mudado de escola e ingressado em uma instituição de ensino que parecia mais plural, eu continuava sendo exposta aos danos do racismo. O racismo que sofri no meu último ano enquanto estudante do ensino médio veio por parte da própria direção da escola. Na ocasião, eu havia sido escolhida para ser oradora da turma, uma honra que me deixou extremamente feliz, porque significava que meus colegas confiavam em mim e no que eu tinha a dizer. Significava que minha voz era importante e que meus colegas queriam ouvi-la. A minha felicidade de ter sido escolhida para ser oradora da classe, entretanto, durou muito pouco. Quando a direção da escola soube que eu seria a oradora da turma, já na semana em que aconteceria o evento, a cerimônia foi cancelada. As razões alegadas foram que a escola não tinha recursos para organizar o evento de formatura. Meus colegas se revoltaram com o cancelamento; alguns entenderam que o motivo era que eu seria a oradora da turma. Não lembro se foi cogitado convidar outra pessoa para fazer o discurso, mesmo porque a justificativa não foi: "Vamos cancelar a formatura porque a Winnie foi escolhida para ser oradora". Mas me lembro de termos buscado uma forma alternativa de viabilizar o evento: reunimos recursos e fizemos uma festa em outro lugar, sem os ritos solenes, mas com as comemorações que merecíamos. Até mesmo porque, como a festa havia sido cancelada na semana em que aconteceria, não era justo que muitos dos meus parentes, que haviam viajado quilômetros para me ver concluir o ensino médio e celebrar essa conquista, fossem privados da celebração, nem os familiares dos outros colegas e menos ainda os próprios colegas.

Eu sabia que a solenidade de formatura não tinha sido cancelada por falta de estrutura da escola. Tinha certeza absoluta de que a razão era que a diretora da escola tinha medo de que eu pudesse dar um discurso sobre raça e racismo e do que isso poderia significar para a escola. Eu sabia que a cerimônia havia sido cancelada porque a direção da escola, ao contrário dos meus colegas, não queria ouvir o que eu tinha a dizer. A diretora não precisou me dizer isso, não precisou sequer ver o discurso. Simplesmente me privou da oportunidade de representar minha turma e meus colegas porque eu era negra. Meu corpo, minha cor de pele, entregou o discurso antes mesmo que eu pudesse redigi-lo, e tudo isso foi censurado. Eu sabia que não estava em questão a minha capacidade de produzir um discurso de formatura, inclusive porque eu já havia feito isso três outras vezes, em momentos diferentes da minha trajetória escolar, nas outras escolas — sempre muito parecidas, já que eram todas particulares. Eu tinha certeza de que estava sendo punida. Sabia que estava sendo limitada.

Mais uma vez me senti suja, inadequada, insuficiente e não pertencente. Eu tinha dezessete anos, e uma pessoa adulta que deveria ser responsável pela minha formação e pela minha educação sequestrou um importante momento da minha vida. Talvez tenha sido por ter vivenciado essa experiência de violência subjetiva que eu tenha decidido falar e discursar de maneira tão dedicada, sempre que possível, sobre o racismo e as questões raciais. Isso se tornou uma forma de devolver para mim mesma uma oportunidade que me foi roubada.

Os traumas raciais que pessoas negras vivenciam na escola constituem formas de silenciamento que vão sendo gravadas no nosso âmago. Essas sutilezas racistas são tão bem mobilizadas que, em alguns casos, fazem com que percamos mesmo a possibilidade de exercer a nossa própria voz. Demorei muito tempo para falar em público outra vez depois do cancelamento do meu discurso de formatura. Assim como aconteceu comigo, tenho certeza de que as violências do racismo na escola também silenciaram outras mulheres negras que precisaram articular formas de recuperar a voz que lhes possibilitasse enunciar seus sentimentos, desejos, anseios.

O feminismo negro me ajudou a compreender essas dinâmicas. A essa altura da leitura, você já deve ter percebido o quanto minha escrita é permeada pelos escritos de outras intelectuais negras; como, no fim das contas, foi a educação que essas mulheres me forneceram que fez com que eu sobrevivesse a esses traumas. Mas muitas meninas e mulheres negras não conseguem sobreviver, porque o direito à dignidade delas é negado já nos primeiros anos de vida. Embora os instrumentos legais, como o Estatuto da Criança e do Adolescente, prevejam que elas devem ser priorizadas, protegidas dos danos que o racismo e o sexismo causam, não é o que acontece. Quando os relatos de violência racial que ocorrem na escola são desconsiderados, tratados como algo sem importância, isso também educa. Educa negativamente, mas educa. Educa as crianças negras, que aprendem que, por mais prejudicadas que sejam, suas reivindicações por tratamento justo não serão atendidas e, portanto, de nada adianta reclamar. E educa as crianças brancas, que se tornam pessoas que sabem que podem violentar pessoas negras sem serem punidas por isso.

Outra experiência de trauma racial que é cotidiana nas escolas e que muitas pessoas negras relatam está relacionada ao momento em que são questionadas sobre o que querem ser quando crescerem. Muitas das mulheres e homens negros com os quais convivo compartilham memórias pavorosas desse momento escolar. Memórias que os impediram de sonhar. Meninas negras que diziam que queriam ser bailarinas e eram respondidas com escárnio pelas professoras; meninos negros que diziam que queriam ser médicos e como resposta ouviam: "Esse sonho é demais para você". O desestímulo ao sonho de crianças negras é o pesadelo dessas mesmas crianças no período escolar. E pode parecer pouca coisa, mas essa é uma forma de a escola, enquanto instituição, controlar o acesso ao trabalho e perpetuar desigualdades: uma forma simbólica, mas bastante eficaz.

Eu sempre fui muito estudiosa. E me considero uma pessoa inteligente e esforçada hoje em dia. Quando chegava perto do início do ano letivo e minha mãe aparecia com os livros-texto que acompanhariam meu período escolar, eu corria para estudar antes mesmo de as aulas começarem. Durante um tempo, a mãe e a vó chegaram a pensar que eu tinha inteligência acima da média, porque eu aprendi a memorizar as palavras muito cedo, mas depois elas perceberam que era apenas curiosidade e sanha de aprendizado. A mãe, então, investiu muito nessa sanha. Minha casa tinha muitos livros, e os meus favoritos eram as enciclopédias. Na minha infância, enciclopédias eram ferramentas de busca, e tudo o que eu tinha curiosidade de saber eu ia pesquisar nos tomos da Mirador.

Eu sabia que não era a menina mais inteligente do mundo, mas também sabia que, se me esforçasse bastante, conseguiria resultados satisfatórios. Nas coisas em que eu era boa eu realmente era boa, e não havia grandes celebrações a respeito delas. Em casa, era esperado que eu alcançasse os melhores resultados, e cada nota dez era acompanhada de um "não faz mais que sua obrigação": era um lembrete familiar de que, em uma sociedade racista, meus méritos não seriam celebrados. De fato, não eram. Eu estava sendo preparada para não me constranger ou me apequenar diante do não reconhecimento social de minhas conquistas.

As formas de racismo que experimentei por parte dos professores e coordenadores nas escolas em que estudei sequer precisaram de uma agressão verbal racista. A agressão verbal racista ficava por parte dos colegas. O silêncio dos professores, a retirada de oportunidades, a expulsão, tudo isso era o racismo se manifestando na escola. A verdade é que o silêncio a respeito da violência racial escolar não é algo abstrato: ele parte de gestores brancos, de professores brancos, de funcionários brancos que desestimulam diálogos, formações e a construção cotidiana de uma escola que seja segura para todas as crianças, independentemente de sua cor de pele. E, talvez pela ausência da agressão direta, eu também acabava tendo dificuldade de enunciar, por escrito ou oralmente, que estava sendo vítima de racismo. Talvez seja essa a razão principal para aquele diário de adolescente não mencionar nenhuma vez a palavra racismo, embora eu soubesse muito bem do que se tratava.

Em que pese as situações relatadas aqui serem bastante pessoais, elas ilustram também o processo de silenciamento e descredibilidade que pessoas negras enfrentam desde a mais tenra idade a partir das instituições sociais. Os processos de exclusão e marginalização nem sempre têm as mesmas formas: aparecem de maneiras múltiplas e dinâmicas para garantir que não falhem.

Proteger a identidade e a subjetividade de crianças negras é garantir que elas possam ser o que quiserem quando adultas. O acolhimento possibilita construir um futuro menos violento. Essa perspectiva de acolhimento, entretanto, não pode se resumir ao aspecto individual, do que é feito no seio familiar e nas escolhas particulares de cada família de uma criança negra. Para que elas possam ser o que desejarem quando crescerem, é preciso um outro tipo de educação, sobretudo pública, que não destrua a possibilidade de as crianças negras sonharem.

# ELEMENTO SUSPEITO

A imagem de controle de pessoas negras como elemento suspeito é uma construção histórica que visa culpabilizar, punir, controlar e encarcerar a negritude. Ideologicamente, essa construção é tão perfeita que permeia vários aspectos da sociedade, inclusive o imaginário popular. Você certamente já ouviu a frase: "Branco correndo é atleta, preto correndo é ladrão". Essa é uma máxima tão presente nas Américas que pessoas negras, sobretudo homens negros, até evitam correr. O buraco é tão profundo que pessoas negras têm feito protestos e eventos para fazer atividades físicas sob o lema: "Não é assalto, é cardio". Ou seja, mesmo a busca por saúde e bem-estar é prejudicada pelo racismo. A gente, que é preta, vai buscar se exercitar e pode acabar encontrando um enquadro da polícia, que em muitos casos resulta em agressão, prisão ou assassinato. Às vezes tudo isso junto. A construção da imagem da população negra enquanto suspeita é um pilar para que essas situações sejam rotineiras e não causem grandes comoções. É essa imagem que sustenta o que chamamos de perfilamento racial.

O perfilamento racial é um tipo de ato discriminatório promovido pelos agentes de segurança pública e pelas instituições judiciais com o intuito de visar determinados indivíduos pela sua raça, cor de pele, etnia, religião ou nacionalidade. No contexto brasileiro, baseia-se particularmente na raça. Pessoas negras, portanto, são vistas como suspeitas, e o tratamento destinado a elas em abordagens policiais não é o mesmo designado a pessoas brancas. A desconfiança de que essas pessoas são criminosas em potencial é o que motiva o perfilamento racial. A construção do perfil criminal se dá a partir de ideologias racistas, como as imagens de controle, que fazem com que a violência da atuação policial seja letal para as pessoas negras. Não bastasse isso, os discursos hegemônicos sobre segurança pública e combate à criminalidade fazem com que a sociedade acredite que determinadas características físicas estão associadas a uma predisposição ao crime, algo que não tem nenhuma evidência científica, mas que se mantém a partir de discursos que sustentam o próprio racismo.

É por isso que, quando você atravessa a rua ao ver um jovem negro caminhando na mesma calçada, você desconfia do jovem e confia na ideologia racista. É por isso que existem tantos relatos de racismo por parte da polícia no cotidiano de pessoas negras. É por isso que é mais comum que pessoas brancas passem ilesas em barreiras policiais e que pessoas negras sejam mais paradas nessas barreiras. É por isso que quase todo jovem negro, independentemente da classe social, tem uma história de "atraque" para contar. Uma história que envolve um agente policial revirando uma mochila sem nenhum cuidado às cinco horas da tarde, porque esse jovem resolveu correr para não perder o ônibus para a faculdade. Uma mochila revirada que se transformou em um "mão na parede, moleque" gritado no ouvido, uma arma na cabeça e muitos chutes nos membros inferiores e genitais. É por isso que mulheres negras ficam absolutamente constrangidas ao serem selecionadas em uma revista aleatória em um aeroporto. Temos um medo muito racional de que esses procedimentos possam significar uma infinidade de violências sobre os nossos corpos, motivadas apenas pela cor da nossa pele.

Durante toda a minha vida, aprendi que deveria provar meu valor de todas as formas possíveis e nunca, jamais, dar margem para qualquer comportamento suspeito. Lembro que uma das primeiras vezes em que viajei de avião, uma amiga minha, também negra e que já tinha voado em outras ocasiões, alertou para que eu não usasse turbante durante as viagens, para que preferencialmente estivesse de cabelo solto e, se possível, alisado. Ela me disse que isso faria com que, na possiblidade de haver uma revista aleatória, eu não passasse pelo constrangimento pelo qual ela já havia passado de ter que desfazer o turbante e ter seu cabelo crespo revirado e bagunçado à procura de drogas que não existiam. Esse alerta faz com que até hoje, muitos embarques aéreos depois, o momento de atravessar os portões para pegar um voo seja absolutamente tenso para mim. Mesmo não mudando meu modo de me vestir, inclusive preferindo viajar de turbante, eu ainda tenho muito receio do que pode acontecer comigo no caso de eu ser aleatoriamente selecionada para uma revista, cujos procedimentos não são tão aleatórios quando se trata do corpo de pessoas negras.

Isso sem contar que a cabeça é algo muito sagrado para mim, que sou uma mulher filha de Yemanjá, de santo feito desde os nove anos de idade. É na minha cabeça que meu sagrado reside, é nela que minha Orixá mora.

Toda vez que alguém desconhecido tenta colocar a mão na minha cabeça, eu desvio e olho feio. Mexer no meu cabelo, na minha cabeça, sempre é algo que me deixa desconfortável. Saber que minha cabeça poderia ser tocada de forma descuidada e violenta me dá náuseas. Para minha sorte, talvez pelas bênçãos de Yemanjá, nunca fui parada em uma revista aleatória.

É muito ruim precisar contar apenas com a sorte para não receber um tratamento vexatório.

Quando falamos em perfilamento racial e no impacto da desconfiança socialmente construída sobre pessoas negras, estamos falando não apenas das situações nas quais agentes de manutenção da ordem abordam pessoas negras de forma racista. Estamos falando não apenas do segurança do supermercado que persegue a pessoa negra da hora em que ela entra no estabelecimento ao momento em que ela sai. Estamos falando das consequências que essa desconfiança causa. Da supressão de muitos aspectos da vida social da população negra. Da injusta privação de liberdade. De omissão. Da conversinha fiada que tanta justificar o tratamento desumano que é mobilizado para pessoas negras através de estereótipos racistas. Daquele papo de que, se a polícia bateu, foi porque a pessoa mereceu. De que se alguém está preso é porque agiu de alguma forma que justificou a prisão. E estamos falando diretamente da consequência mais brutal delas: a morte violenta.

Contudo, dados sobre o aprisionamento de pessoas negras no Brasil já demonstram que parte significativa dos casos é injusta e motivada por racismo. No estado do Rio de Janeiro, por exemplo, segundo dados do Condege, 83% dos presos por reconhecimento fotográfico

É MUITO RUIM PRECISAR CONTAR APENAS COM A SORTE PARA NÃO RECEBER UM TRATAMENTO VEXATÓRIO.

falho são negros.[21] São pessoas que estão privadas de sua liberdade porque foram reconhecidas como criminosos, mesmo não sendo.

Em 19 de novembro de 2020, às vésperas do Dia Nacional da Consciência Negra, eu muito alegremente traçava planos com um dos meus melhores amigos, o Matheus Gomes, sobre como seria sua atuação enquanto um dos cinco vereadores negros eleitos na cidade de Porto Alegre. Discutíamos também o impacto positivo que ele causaria para outros jovens negros em nosso estado ao ser empossado com seus longos dreadlocks em um terno bem cortado no janeiro vindouro. Falávamos sobre quanto todos os relatos de outros amigos e conhecidos nossos, também negros, intencionalmente abordados pela polícia e confundidos com criminosos, poderiam começar a ter outra tônica. Talvez os jovens negros como o Matheus pudessem ser confundidos com um vereador. Sonhávamos com um futuro no qual os mesmos garotos que contavam para nós que haviam sido parados pela polícia contassem que tinham sido parados por pessoas que queriam cumprimentá-los pelo exercício de um bom mandato. Combinamos que eu daria de presente o sapato da posse para o Matheus, mas, no exato momento em que trocávamos fotos de sapatos para escolher o par que ele usaria na posse, recebemos a notícia de que João Alberto Freitas tinha sido brutalmente espancado pelos seguranças do Carrefour. Tinha até vídeo, porque alguém

---

[21] CONDEGE. *Relatórios indicam prisões injustas após reconhecimento fotográfico*. Disponível em: <http://condege.org.br/arquivos/1029>. Acesso em: 18 jan. 2023.

tinha gravado. Um vídeo que falava muito sobre ação e omissão. Uma lógica de ação e omissão racista que demonstra uma continuidade. Beto foi linchado. Linchado como eram as pessoas negras no século XIX e início do século XX nos Estados Unidos. Beto foi torturado. Torturado como foram as pessoas negras escravizadas em toda a América. E as pessoas brancas presentes assistiram a esse ato, assim como as pessoas brancas assistiam a linchamentos como quem assistia a um espetáculo.

Eu não sei se você sabe, mas sessões de linchamento eram eventos públicos de lazer para os brancos. E não estou falando da Idade Média. Isso era comum no século XX mesmo. Famílias brancas levavam seus filhos para assistir a pessoas negras serem linchadas. Elas não só se omitiam como também se regozijavam ao presenciar pessoas negras sendo violentadas. [22]

Na contemporaneidade, pessoas brancas continuam se omitindo e se regozijando ao ver pessoas negras sendo violentadas. Elas podem negar veementemente, mas a mídia espetaculariza a violência contra corpos negros como forma de entretenimento, seja como ficção ou como notícia. Foi assim que o assassinato de George Floyd foi incessantemente veiculado na TV, a ponto de ser reproduzido em outro país na vida real. Foi assim que, repetidas vezes, o vídeo de Beto sendo espancado passou nas televisões de milhares de brasileiros. Enquanto Beto era violentado, as pessoas brancas presentes assistiam. Omitiam-se. Nada foi feito para cessar a violência sobre o

---

[22] NAACP. *History of lynching in America*. Disponível em: <https://naacp.org/find-resources/history-explained/history-lynching-america>. Acesso em: 18 jan. 2023.

corpo dele, ainda que ele tenha pedido socorro muitas vezes antes de morrer.

Em 2012, quase dez anos antes de esse crime ser cometido, o historiador Átila Roque nos alertava para a vigência de uma epidemia da indiferença em nosso país. Esse conceito foi utilizado por ele para demonstrar o tamanho da conivência da sociedade e das instituições perante a violência destinada a crianças e jovens negros. O país não ouviu com seriedade o diagnóstico de Átila, e as consequências foram se agravando a largos passos. Dez anos depois, vivemos em um país onde manifestações racistas são cada vez mais comuns e onde grupos que anteriormente se organizavam de forma oculta hoje vociferam seu ódio antinegro sem maiores constrangimentos. Essa epidemia da indiferença ainda se vale da maneira como discursos preconceituosos vão sendo estabelecidos para sustentar uma imagem de desconfiança que sugere que pessoas negras são ameaças a serem contidas. Assim, naturaliza-se o uso da força contra crianças negras, normaliza-se a brutalidade contra jovens negros.

Eu já havia acompanhado muitos casos de violência em estabelecimentos comerciais nos quais as vítimas eram pessoas negras, já tinha protestado contra muitas mortes e muitos casos de racismo. Mas aquela era a primeira vez que um caso como aquele batia na minha porta, tendo ocorrido a poucas quadras dela. Em alguns minutos, o chocante vídeo da violência que ceifou a vida de Beto corria pelo WhatsApp dos ativistas do movimento negro. Meu telefone se inundou de mensagens, e o sapato que eu tinha prometido para o Matheus jamais foi comprado. Por um instante, nossa capacidade de sonhar ficou suspensa. Pensar a posse, pensar o futuro, tinha sido imediatamente trocado por se revoltar com o presente. Não havia nenhuma outra possibilidade que não organizar uma forma de demonstrar nossa revolta. De tomar as ruas. Ainda que precisássemos ficar em casa, em razão da pandemia de covid-19, o medo da doença, que dominava todos nós, era menor que nossa indignação. O assassinato de João Alberto Freitas era mais um caso explícito de ódio antinegro. Um ódio alimentado pela falácia do elemento suspeito.

Beto, diferentemente de outros homens negros que são assassinados pelo racismo, não foi morto pelo disparo de uma arma de fogo. Sua morte foi resultado da tentativa de conter uma ameaça que só existe por causa do ideário racista que visualiza todo e qualquer homem negro como um suspeito em potencial. Os estabelecimentos comerciais são os locais onde mais fortemente essa ideologia entra em ação. As empresas de vigilância privada e mesmo o braço armado do Estado são treinados para observar o corpo negro como uma bomba que pode explodir a qualquer momento e que precisa ser desarmada o quanto antes. Acontece que quase nunca somos nós aqueles que têm armas. Mas o disparo da arma vem na direção do nosso corpo. O racismo tem um efeito impactante no que diz respeito à violência: ele favorece pessoas brancas e potencializa os prejuízos para pessoas negras. Esse efeito também se desdobra quando se trata do sistema de justiça. É o racismo que acaba definindo quem será processado conforme o devido processo legal, quem será condenado, como e de que forma as penas serão aplicadas. O racismo define se a balança da justiça pesa mais para uns e menos para outros.

A desconfiança social que articula o tratamento que pessoas negras recebem nas mais variadas áreas faz com que a lógica do elemento suspeito fique cada vez mais forte. A sociedade brasileira é ensinada cotidianamente a suspeitar de pessoas negras. Para que qualquer pessoa branca seja confiável, mesmo que sobre ela repousem fortes indícios que levem à desconfiança, pessoas negras precisam ser colocadas no polo oposto. Esse desconfiar é inclusive ensinado como ferramenta de segurança. A forma como a segurança pública é discutida nos veículos de comunicação massifica essa ideia de suspeição sobre o corpo negro. E isso é feito sem sequer utilizar a palavra negro, mas a partir da epidermização dos territórios — a marcação de territórios como negros com base em quem os ocupa — e da massiva repercussão de imagens de pessoas negras que cometem atos ilícitos. É com a imagem do negro que cometeu um crime sendo repercutida sem parar, em todas as telas de televisão, no almoço e no jantar, que você cria a ideia de que todos os negros são ameaças em potencial e, consequentemente, indignos da sua confiança.

As imagens de controle sustentam discursos hegemônicos que retiram a credibilidade de pessoas negras, inclusive na manifestação das suas próprias experiências, e conferem ao branco a possibilidade de ele dizer sobre o negro o que lhe aprouver. Ao bandido negro resta sempre a morte violenta e celebrada. Ao bandido branco sobram direitos. E essa suspeição justifica um sem-fim de atrocidades que nem são lidas como atrocidades, porque, afinal de contas, esse é o tratamento dado aos bandidos, aos marginais, aos monstruosos negros que ameaçam a moralidade branca. Os homens negros, em especial, são lidos como "criminosos prototípicos".

Quando ocorre uma chacina em uma periferia e centenas de pessoas são atingidas pela violência policial, poucos são aqueles que se solidarizam. Essa falta de solidariedade também é resultado da dinâmica que expliquei. É como se aquelas pessoas não fossem dignas da solidariedade e da empatia, porque o simples fato de residirem em uma periferia faz delas elementos suspeitos e, portanto, passíveis de todo tipo de violência e insegurança. É assim que se cria a justificativa para o policiamento ostensivo e as abordagens policiais violentas para jovens negros. Aqueles jovens não são dignos de direitos. Não são porque são menos gente, são outro tipo de gente, são bandidos, não são cidadãos de bem. O cidadão de bem é constituído no imaginário social como sinônimo de homem branco; o bandido, como sinônimo de homem negro. O cidadão de bem tem seus direitos assegurados. O bandido não tem direito a nada. Mesmo nos setores mais progressistas existem justificativas racistas, cheias de boas intenções e senões. É comum as pessoas dizerem que mais pessoas negras são criminosas porque elas são pobres, porque são incultas, porque existiu a escravidão. É um jeito de as pessoas brancas serem racistas sem que lhes possa ser atribuída a alcunha de racista, porque, afinal de contas, elas estão apenas expondo como as coisas são.

Logo, ao reproduzir essa lógica de suspeição de pessoas negras, você contribui para a manutenção da dinâmica de violência sobre esses corpos. Acaba por apoiar o resultado drástico e, indiretamente, endossa os discursos que afirmam que a pessoa negra é diferente, inferior, indesejável. Ao associar a criminalidade à figura do negro, você encontra uma justificativa que parece plausível para que seja legítimo punir violentamente e assassinar pessoas negras. Aquela justificativa racial do tempo da escravização é substituída por esta, do negro bandido e ladrão que, por isso, recebe o que merece: a morte violenta. Já que não se pode mais sustentar que negros e negras são sujeitos desalmados, logo, passíveis de serem escravizados, agora se sustenta a ideia de que negros são criminosos perigosos e, por consequência, merecem o tratamento que recebem. Por isso, toda vez que um homem negro é assassinado pela polícia, logo se procura sua ficha criminal. Como se o fato de ele ter cometido algum tipo de ato ilícito alguma vez na vida tornasse legítima a ação injusta da polícia. E justificasse sua morte.

Tenho falado, neste capítulo, sobre a evidente disparidade no que diz respeito à punição no Brasil. E é importante que você entenda que, quando falamos em seletividade penal, estamos falando de algo essencialmente racial. O aumento da violência policial, bem como a escalada dos discursos conservadores que bradam por mais polícia, mais prisões, mais severidade no combate ao crime, são direcionados para uma população em específico: a população negra. Para a população branca, é mobilizado um outro tipo de lógica, que leva inclusive a penas mais brandas, arquivamento de inquéritos e presunção de inocência. Toda a lógica da segurança pública no Brasil é uma lógica de policiamento ostensivo para assegurar a vida dos brancos, conforme pressupostos morais articulados por eles mesmos. Não se pensa segurança pública a partir de outra regra que não a da vigilância policial ostensiva e da punição altamente violenta. Obviamente, para vigiar e punir pessoas negras.

Historicamente, a seletividade do sistema penal é racial. Ela nasce assim. A própria criminologia, enquanto ciência, se valeu de pressupostos contidos em teorias da raça que defendiam a inferioridade do negro e, a partir dessa ideia, constatavam que essas pessoas seriam mais propensas ao crime, porque eram inferiores aos brancos. Também se valeu de uma falácia que sustentava a ideia de uma natureza criminosa do negro que inclusive se manteve nos debates relativos à construção do Código Penal Brasileiro. Nelson Hungria, considerado o "príncipe dos penalistas brasileiros" e autor do anteprojeto do Código, defendia a punição dos negros como uma "pedagogia corretiva" e dizia, assim como muitos brancos dizem hoje, que as pessoas negras tinham uma "propulsão da delinquência", que era resultado de fatores culturais, ambientais e sociais. Ainda hoje, a atuação do sistema penal e daqueles que o fazem funcionar serve para criminalizar e vigiar a negritude, especialmente a juventude negra.[23]

No mesmo ano em que João Alberto Freitas foi assassinado nas dependências de uma filial da rede Carrefour, o engenheiro Gustavo Amaral foi assassinado em uma barreira policial na cidade de Marau, interior do Rio Grande do Sul. Ele estava com amigos em uma rodovia e foi atingido por um policial militar que o confundiu com um criminoso e entendeu que ele representava uma ameaça. Gustavo era o único negro da equipe. O inquérito policial foi arquivado. Durante a redação deste livro, a família de Gustavo já havia apresentado novo inquérito, feito de forma particular, que chegou a conclusões distintas das apresentadas pela polícia. O Ministério Público do estado do Rio Grande do Sul recebeu a nova

---

[23] DE CALAZANS, Márcia Esteves et al. Criminologia crítica e questão racial. *Cadernos do CEAS: Revista Crítica de Humanidades*, n. 238, p. 450-463, 2016.

documentação, mas ainda não há notícias sobre o desarquivamento do inquérito. Assim como Gustavo, centenas de pessoas negras já foram vitimadas pela lógica racista incutida no elemento suspeito: pessoas que são confundidas com bandidos na imaginação da branquitude, que tem suas confusões sempre racializadas e, a partir dessas justificativas, recebe salvo-conduto para atirar primeiro e perguntar depois.

As sucessivas mortes violentas de pessoas negras são uma continuação do tratamento de uma sociedade que até hoje foi incapaz de aplicar políticas públicas sérias que revertessem o quadro de vigilância e punição vigente no Brasil desde a escravização. A verdade é que, desde a época em que os povos africanos foram trazidos à força para as Américas, eles têm sido vítimas de práticas racistas e discriminatórias que foram estimuladas e fundamentadas por aqueles que criam e aplicam a lei. Quem cria e aplica a lei são aqueles que se encontram no centro do poder. E, como bem sabemos, ainda é uma massiva maioria de pessoas brancas que exerce o poder. A lei, portanto, continua sendo um instrumento de manutenção do racismo.

A cada nova situação de assassinato provocado pela polícia que não recebe a devida reprovação popular, tampouco a devida punição legal, vamos consolidando essa ideia de que a vida de pessoas negras tem menos valor. A percepção que a sociedade brasileira construiu diante da brutalidade policial é o motor da continuidade da dinâmica de injustiças sociais históricas mobilizadas contra a negritude.

A face brutal das polícias brasileiras se evidencia no cotidiano das ações policiais em favelas, periferias e territórios majoritariamente negros. Contudo, apesar de os noticiários exibirem incessantemente imagens de violência contra corpos negros, a sociedade brasileira mantém-se ou em silêncio ou sem ações efetivas. Não fossem os esforços históricos do movimento social negro, não teríamos um protesto sequer. No fim das contas, a população negra está à própria sorte, e quanto antes entendermos isso, tanto mais eficazes serão nossas iniciativas de reversão desse cenário perverso. São os homens negros os mais atingidos diretamente pela letalidade policial; de outro lado, são as mulheres negras que lidam com as consequências nefastas dessa letalidade. Ou seja, os efeitos da seletividade racial do sistema penal e da "lógica do elemento suspeito" atingem a comunidade negra em conjunto, física e mentalmente. As mães de meninos negros assassinados muitas vezes morrem em consequência da injustiça, que acaba por ocasionar graves problemas de saúde física e mental. Isso também ocorre com esposas, com filhas, com avós.

O racismo é uma ideologia de morte que só pode ser confrontada com compromisso social ativo. Quando você tem plena noção disso e continua inerte, você se coloca como agente da manutenção do genocídio da população negra. Mesmo que não tenha puxado o gatilho, você ajudou a bala a encontrar o alvo.

# PEGUE UM CADERNO E FAÇA SUAS ANOTAÇÕES: É HORA DA REVISÃO FINAL

*"Quais são as tiranias que você engole dia após dia e tenta tomar para si, até adoecer e morrer por causa delas, ainda em silêncio?"*

AUDRE LORDE

Apesar de este parecer um livro sobre pessoas negras ou sobre as angústias de pessoas negras, ele na verdade é mais um livro sobre relações sociais e seus desdobramentos. Como expliquei na introdução, ele foi escrito por uma mulher negra a partir de sua própria experiência e de outras experiências compartilhadas entre pessoas negras. Dessa maneira, é bem provável que seja categorizado em "Livros sobre raça" ou algo assim, junto de outros escritos por autores e autoras negras, o que não é um problema para mim, mas demonstra como a sociedade brasileira segue tratando as questões raciais como algo dos negros, e não como um problema social a ser resolvido por todos nós. Demonstra como nós somos aqueles colocados à parte, ainda que sejamos a maioria da população. Somos o específico, o diferente, o outro, enquanto as pessoas brancas são pessoas, e seus olhares são tidos como gerais, universais, e raramente são especificados. Já falamos sobre isso por aqui. Os interesses de pessoas brancas raramente são lidos como interesses particulares: eles são descritos como interesses sociais, porque, afinal de contas, ainda repousa sobre as pessoas brancas o poder de definir que interesses interessam mais, como e quando.

Ainda assim, ao chegar ao final da escrita deste longo trabalho que, apesar de ter sido desdobrado em um livro não tão extenso, demorou muito tempo para se concretizar, penso que consegui realizar algo bastante distinto que me motivou a iniciar a escrita. Comecei este livro tentando demonstrar como pessoas negras eram descredibilizadas, e o termino feliz por ter conseguido expressar camadas da minha própria existência que, durante a maior parte da minha vida, tive dificuldade de mencionar. Como parte significativa dessas coisas aconteceu diretamente comigo, ainda que nem todas, você não deve terminar esta leitura achando que todas as pessoas negras vão experienciar o que eu contei aqui da mesma forma que eu, especialmente porque a comunidade negra não é uma coisa só: ela é plural, composta de muitas pessoas com trajetórias diferentes, jeitos diferentes de lidar com o racismo, histórias pessoais distintas. Afinal, o ser humano não é uma coisa só, e achar que toda pessoa negra passa pela mesma coisa do mesmo jeito é uma maneira de reduzir a humanidade dessas pessoas. Ao tratar a negritude como um monólito disforme, nutre-se uma lógica que facilita a maneira como as opressões operam para essas pessoas. Quanto menos elas forem reconhecidas em suas complexidades, mas fácil será oprimi-las.

É por isso que afirmamos tão fortemente que somos diferentes entre nós mesmos, que somos complexos, que divergimos, que não somos uma coisa só.

Eu sou uma mulher negra, bissexual, cisgênero, nascida e criada em um terreiro, sem deficiências físicas, cujos pais são funcionários públicos aposentados. Escrevi desse lugar. Do lugar de alguém que foi letrada pelas andanças políticas da mãe, pelo afeto disciplinador

AO TRATAR A NEGRITUDE COMO UM MONÓLITO DISFORME, NUTRE-SE UMA LÓGICA QUE FACILITA A MANEIRA COMO AS OPRESSÕES OPERAM PARA ESSAS PESSOAS. QUANTO MENOS ELAS FOREM RECONHECIDAS EM SUAS COMPLEXIDADES, MAS FÁCIL SERÁ OPRIMI-LAS.

da avó, pelos aprendizados do sagrado afro-brasileiro. Uma mulher negra que foi uma adolescente negra que gostava de garotos e que descobriu, já adulta, que também gostava de mulheres. Não tive minha sexualidade questionada na adolescência: ela foi invalidada pelo fato de eu ser uma menina negra num ambiente escolar branco, mas isso é muito diferente de ser uma mulher negra lésbica. Também é diferente de ser uma mulher negra trans. Eu também conheço essas experiências porque escuto pessoas próximas a mim que passaram por situações cotidianas que evidenciam o quanto temos particularidades, mas que também me auxiliaram a pensar de forma mais solidária.

Isso raramente acontece com pessoas brancas.

Embora nosso país nunca tenha experimentado uma segregação nos moldes do apartheid sul-africano ou das leis Jim Crow estadunidenses, somos um país racialmente segregado, sem precisar de norma explícita para isso. Minha avó sempre conta que, na primeira vez que ela foi visitar Pelotas — cidade que, muitos anos depois, acabou sendo meu lugar de moradia por muito tempo e também local onde se plantam os fundamentos sagrados do axé da nossa família —, a amiga branca que estava com ela no passeio avisou, antes que ela descesse na cidade, que elas não poderiam andar juntas na mesma calçada, porque lá não era bem-visto que pessoas negras e pessoas brancas andassem juntas. Minha avó voltou no mesmo bonde que foi, furiosa com a amiga que tinha escondido dela essa informação. A segregação racial em nosso país continua, agora a partir de marcadores econômicos que, por si sós, delimitam os espaços a serem ocupados pelos negros e aqueles a serem ocupados pelos brancos. Ainda existem muitos bairros onde não reside uma única pessoa negra e nos quais, se houver alguma, estará prestando algum serviço. Na educação privada, isso também é contínuo. Eu mesma fui, por dois longos anos, a única pós-graduanda negra do mestrado em direito da Universidade do Vale do Rio dos Sinos. Esse fato podia passar batido pelos meus colegas brancos, mas ele gritava alto nos meus ouvidos a cada vez que eu entrava na sala de aula.

Eu poderia terminar este livro escrevendo um sem-fim de exemplos que demonstram o quanto este é um país segregado, segregado na maneira como se divide o trabalho, segregado na educação, segregado geograficamente. Todos esses dados estão disponíveis por aí e são de acesso muito fácil na contemporaneidade, mas, ainda assim, paira a recusa em admitir que vivemos em um país profundamente racista.

A recusa se mantém devido ao mito da democracia racial que, apesar de desmitificado, segue impactando nossas relações. Ela se mantém também devido aos privilégios que são conferidos à branquitude em uma sociedade desigual. Segue forte devido aos pactos silenciosos que essa mesma branquitude vai alinhando em todos os lugares por onde passa. São muitas as pessoas brancas que jamais conviveram em condições mais ou menos equânimes com uma pessoa negra. Muitas pessoas brancas que têm um único amigo negro, e tantas outras que não têm nenhum. A propósito, não é incomum que esse único amigo negro seja o mesmo para todas as pessoas brancas de um grupo. Sei disso porque eu já fui a única amiga negra.

Durante um período bastante longo desta escrita, eu me perguntava por que continuava insistindo em produzir um livro para que as pessoas brancas entendessem quão perverso o racismo é para as pessoas negras, por que eu continuava pensando na melhor forma de apresentar as histórias que contei aqui de forma didática e convidativa para que as pessoas brancas que as lessem pudessem finalmente compreender o racismo para além dos insultos raciais, para além da violência policial, para além da estrutura. Por que eu continuava me esforçando tanto para demonstrar as singularidades, meus sentimentos, ao mesmo tempo em que tentava articular uma escrita que convencesse as pessoas brancas da humanidade das pessoas negras. Termino o livro entendendo que esse não é o meu papel no mundo. Não cabe a mim convencer os brancos de que nós somos gente, de que somos feitos de sentimentos, de complexidades, de todas as coisas que fazem das pessoas seres humanos. É muita coisa para eu fazer e, como não fui a responsável por destituir a humanidade das pessoas negras, tomar essa responsabilidade para mim é uma violência imensa. Larguei mão disso no processo e passei apenas a escrever... o que sinto, o que penso, minhas reflexões.

Isso não significa que, na minha escrita, eu tenha deixado de lado os compromissos sociais que o movimento negro me legou. Há muito deles aqui e eu espero que você, leitor ou leitora, tenha conseguido identificá-los. Colocar no papel esses compromissos foi desafiador, e tenho certeza de que não esgotei essa tarefa, mas termino estas páginas convencida de que aqui expressei muito do que os aprendizados do movimento negro marcaram em mim. Era um desafio que eu carregava já havia algum tempo e que fico feliz de ter conseguido realizar no meu primeiro livro não acadêmico, um livro que não é resultado de um empreendimento teórico voltado à conquista de um título, mas apenas uma expressão das coisas que carrego dentro de mim.

E carrego muito dentro de mim. Por isso mesmo, nem tudo está aqui, mas até que tem bastante. Espero que esse bastante não tenha sido demasiadamente sofrido para as pessoas negras que leram este livro. Espero que ele abra possibilidades de diálogo, que auxilie as pessoas, que possibilite outras escritas. Tive muito medo de começar a escrevê-lo, depois tive medo de terminar. Agora que terminamos, me sinto aliviada e ansiosa para saber o que você vai fazer com as coisas que compartilhei aqui.

Sonhei muito com este escrito; ele habitava em mim muito tempo antes de ser uma realidade. Eu sabia o que queria escrever, mas não sabia que sairia assim. Conforme fui mergulhando em mim mesma para colocar no papel as descrenças que conheço e que presenciei, tive muito medo de ser engolida pelos traumas; precisei lidar com eles, atravessar os desafios impostos pelas ideias racistas e chegar do outro lado sem arredar um milímetro das coisas em que acredito sobre mim. Porque, no fim, são elas que importam.

# O QUE VOCÊ PODE LER PARA ACREDITAR UM POUCO MAIS EM MIM

ALBERTI, Verena; PEREIRA, Amílcar Araújo. *Histórias do movimento negro no Brasil*: depoimentos ao CPDOC. Rio de Janeiro: Pallas, 2007.
ALLEN, Jayne. *Mulheres negras não deveriam morrer exaustas*. São Paulo: Universo dos Livros, 2022.
BARRETO, Vanda Sá. *Luiza Bairros*: pensamento e compromisso político. São Paulo: Autêntica, 2021.
BENTO, Cida. *O pacto da branquitude*. São Paulo: Companhia das Letras, 2022.
CARDOSO, Edson Lopes. *Nada os trará de volta*: escritos sobre racismo e luta política. São Paulo: Companhia das Letras, 2022.
CARNEIRO, Sueli. *Racismo, sexismo e desigualdade no Brasil*. São Paulo: Selo Negro, 2011.
_____. *Escritos de uma vida*. São Paulo: Jandaíra, 2019.
_____. *A construção do outro como não-ser como fundamento do ser*. Tese (Doutorado) — Universidade de São Paulo, São Paulo, 2005.
CHALLOUB, Sidney; PINTO, Ana Flávia Magalhães (Org.). *Pensadores negros – pensadoras negras*: Brasil séculos XIX e XX. Belo Horizonte: Fino Traço, 2020.
COLLINS, Patricia Hill. *Interseccionalidade*. São Paulo: Boitempo, 2021.
_____. *Pensamento feminista negro*: conhecimento, consciência e a política do empoderamento. São Paulo: Boitempo, 2019.
_____. *Política sexual negra*. Rio de Janeiro: Via Verita, 2022.

DAVIS, Angela. *Mulheres, raça e classe*. São Paulo: Boitempo, 2016.
DU BOIS, W.E.B.; HARTMAN, Saidiya. *O Cometa + O fim da supremacia branca*. São Paulo: Fósforo, 2021.
EGA, Françoise. *Cartas a uma negra*. São Paulo: Todavia, 2021.
EVARISTO, Conceição. *Becos das memórias*. Rio de Janeiro: Pallas, 2017.
_____. *Insubmissas lágrimas de mulher*. Rio de Janeiro: Malê, 2016.
_____. *Olhos d'água*. Rio de Janeiro: Pallas, 2014.
FANON, Frantz. *Pele negra, máscaras brancas*. São Paulo: Ubu, 2020.
GAY, Roxane. *Má feminista*. Rio de Janeiro: Globo, 2021.
GONÇALVES, Ana Maria. *Um defeito de cor*. Rio de Janeiro: Record, 2006.
GONZALES, Lélia. *Por um feminismo afro-latino-americano*. Rio de Janeiro: Zahar, 2020.
_____ (Org.). *Primavera para as rosas negras*: Lélia Gonzales em primeira pessoa. São Paulo: Filhos da África, 2018.
HARRIS, Zakiya Dalila. *A outra garota negra*. Rio de Janeiro: Intrínseca, 2021.
HARTMAN, Saidiya. *Vidas rebeldes, belos experimentos*: histórias íntimas de meninas negras desordeiras, mulheres encrenqueiras e queers radicais. São Paulo: Fósforo, 2022.
_____. *Perder a mãe*: uma jornada pela rota atlântica da escravidão. Rio de Janeiro: Bazar do Tempo, 2021.
HOOKS, bell. *Olhares negros*: raça e representação. São Paulo: Elefante, 2019.
_____. *Teoria feminista*: da margem ao centro. São Paulo: Perspectiva, 2019.
JESUS, Carolina Maria de. *Quarto de despejo*. São Paulo: Ática, 2019.
_____. *O diário de Bitita*. São Paulo: SESI-SP, 2014.
KILOMBA, Grada. *Memórias da plantação*: episódios de racismo cotidiano. Rio de Janeiro: Cobogó, 2019.
LORDE, Audre. *Entre nós mesmas*: poemas reunidos. Rio de Janeiro: Bazar do Tempo, 2020.
MOURA, Clóvis. *Sociologia do negro brasileiro*. São Paulo: Perspectiva, 2019.

MÜLLER, Tania; CARDOSO, Lourenço. *Branquitude*: estudos sobre a identidade branca no Brasil. Curitiba: Appris, 2017.

NASCIMENTO, Abdias. *O quilombismo*: documentos de uma militância pan-africanista. São Paulo: Perspectiva; Rio Janeiro: Ipeafro, 2019.

_____. *O genocídio do negro brasileiro*: processo de um racismo mascarado. São Paulo: Perspectiva; Rio Janeiro: Ipeafro, 2016.

OLUO, Ijeoma. *Então você quer conversar sobre raça*. Rio de Janeiro: BestSeller, 2020.

PEREIRA, Ana Claudia Jaquetto. *Intelectuais negras brasileiras*: horizontes políticos. Belo Horizonte: Letramento, 2019.

PEREIRA, Bruna Cristina Jaquetto. *Dengos e zangas das mulheres-moringa*: vivências afetivo-sexuais de mulheres negras. Tese (Doutorado em Sociologia) — Universidade de Brasília, Brasília, 2019.

SAAD, Layla. *Eu e a supremacia branca*: como reconhecer seu privilégio, combater o racismo e mudar o mundo. Rio de Janeiro: Rocco, 2020.

SANTOS, Ynaê Lopes dos. *Racismo brasileiro*: uma história da formação do país. São Paulo: Todavia, 2022.

SILVA, Denise Ferreira da. *Homo modernus*: para uma ideia global de raça. Rio de Janeiro: Cobogó, 2022.

SOUZA, Neusa Santos. *Tornar-se negro*: ou as vicissitudes da identidade do negro brasileiro em ascensão social. Rio de Janeiro: Zahar, 2021.

THEODORO, Mário. *A sociedade desigual*. Rio de Janeiro: Zahar, 2022.

THOMPSON-SPIRES, Nafissa. *As cabeças das pessoas negras*. São Paulo: Editora Nacional, 2021.

WERNECK, Jurema. *O livro da saúde das mulheres negras*. Rio de Janeiro: Pallas, 2006.

Este livro foi impresso pela Lisgráfica, em 2023,
para a HarperCollins Brasil. O papel do miolo é
pólen natural 80g/m², e o da capa é 250 g/m².